ANNALES

DE L'IMPRIMERIE

DES ALDE.

A PARIS,

DE L'IMPRIMERIE DE CRAPELET.

M DCCC XII.

ANNALES
DE L'IMPRIMERIE
DES ALDE,

ou Histoire des trois MANUCE et de leurs
Éditions.

PAR ANT. AUG. RENOUARD.

SUPPLÉMENT.

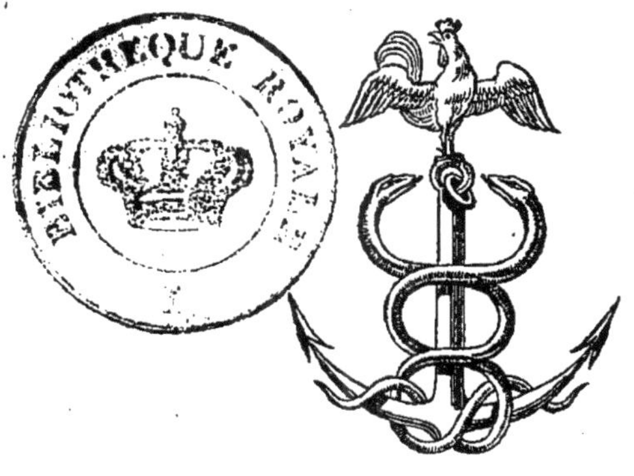

A PARIS,

CHEZ ANTOINE-AUGUSTIN RENOUARD.

M DCCC XII.

PRÉFACE.

J'ai suivi à la lettre le précepte d'Horace : *Nonum prematur in annum*. Après avoir, en 1803, publié l'Histoire littéraire de la famille des Manuce, j'ai, pendant neuf années entières, réuni tous les nouveaux renseignements que mes recherches continuelles ont pu me procurer et sur leurs personnes et sur leurs éditions. Durant ce long intervalle je n'ai jamais perdu de vue cet objet de prédilection ; et si peut-être je me suis occupé de ces notices plus longuement et avec plus de ténacité que ne vaut la chose en elle-même, je suis du moins très persuadé que, pour les ouvrages qui ne sont point les pures productions du génie, et surtout pour ceux dont le mérite, à peu près unique, est l'exactitude, il faut s'en être occupé bien plus long-temps qu'ils ne valent, pour les amener à un degré de perfection qui sera toujours loin encore de l'exactitude absolue.

Peu de temps après l'impression de mes Annales, j'aurois pu me donner le petit plaisir de la publication d'un supplément, parce que je ne tardai point à reconnoître un certain nombre d'éditions aldines qui jusqu'alors avoient échappé à mes recherches, parce que j'avois déjà recueilli plus d'une observation nouvelle : mais un supplément donné trop tôt en eût bientôt après nécessité un autre ; de nouvelles erreurs auroient demandé de nouvelles corrections ; et si, après avoir pris tout mon temps, fait mes vérifications avec grand soin et à plusieurs reprises, je ne puis éviter que mon ouvrage ne laisse encore beaucoup à désirer, qu'auroit été un supplément tracé à la légère, et publié à la hâte ? Ce genre d'ouvrage n'est pas, en général, d'un intérêt assez pressant ni assez relevé pour qu'on puisse chercher une excuse dans la précipitation du travail ; et les hommes instruits, ceux même qui sont le plus fortement amateurs des notices et anecdotes littéraires, ne sont disposés à les accueillir que quand elles portent sur des objets d'un certain intérêt, ou au moins lorsqu'elles acquièrent de l'importance par leur réunion. Après plusieurs années cependant il devient nécessaire de publier le résultat de mes observations et corrections ; ce que je crois d'autant plus à propos qu'ayant présenté un ensemble déterminé de notions précises sur les Manuce et leurs éditions, tout ce qui, dans mon livre, est passé sous silence, donne en quelque façon lieu à des découvertes dans le pays bibliographique ; découvertes auxquelles les uns sont conduits par le pur hasard, d'autres par le savoir et par des observations raisonnées ; de sorte que, pour ne point voir mon ouvrage devenir un livre de vieille science, il m'a bien fallu rédiger en un

corps de supplément ce que j'avois à dire de nouveau sur ce sujet.

Dans ce supplément, que je prie de ne considérer
que comme de simples notes, je n'ai point transcrit
les intitulés de chaque édition avec cette exactitude
que j'avois rigoureusement observée dans les Annales; ce n'est ici qu'un *memorandum*, un recueil
d'indications sommaires, et on n'y trouvera les
titres énoncés en entier, que lorsqu'ils sont courts,
ou lorsqu'il s'agit de livres remarquables par leur
sujet ou leur rareté. La notice des livres publiés
par l'Accademia Veneziana est ici réimprimée
toute entière, parce que les additions et observations nouvelles en ont fait, pour ainsi dire, un
nouvel ouvrage. Il en est de même du catalogue
des éditions aldines, rangé par ordre de matières :
l'intérêt d'une telle liste consistant surtout dans
l'ensemble, et les éditions à y intercaler se trou-
vant en assez grand nombre; d'autres devant en
être supprimées, parce qu'elles ont été reconnues
pour apocryphes; un supplément à l'ancien catalogue n'auroit point donné au lecteur la satisfaction
de voir avec exactitude, et d'un coup d'œil, toute
l'étendue des travaux de l'imprimerie des Manuce.
Cette liste abrégée et très resserrée sera en outre
d'un usage fort commode pour les amateurs des éditions aldines, en ce qu'elle leur fournit un tableau
sur lequel ils peuvent pointer à la marge chacun

des livres qui se trouvent dans leur bibliothèque, et ainsi reconnoître plus facilement ce qu'ils peuvent avoir la volonté d'acquérir.

Plusieurs personnes ont eu la bienveillance de me transmettre des observations sur mes Annales, et je leur présente ici l'expression de toute ma gratitude. Je dois d'utiles renseignements entre autres au savant M. Morelli, bibliothécaire de la bibliothèque de Saint - Marc à Venise ; à M. le comte Trivulzio , de Milan ; à M. Pezzana , bibliothécaire à Parme : plusieurs livres imprimés sur vélin m'ont été indiqués par M. Van Praet, l'un des conservateurs de la bibliothèque impériale, à l'embellissement de laquelle il donne les soins les plus éclairés et les plus infatigables. M. Gamba, de Venise, maintenant établi à Milan, a pris plaisir à faire de soigneuses vérifications sur les livres de la riche bibliothèque de MM. Remondini, à Bassano ; et cet examen a donné lieu à un assez grand nombre d'observations relatives surtout à la description matérielle des livres : il m'a fait aussi connoître plusieurs éditions dont quelques-unes ne me sont pas même encore tombées sous la main. Au lieu de faire de toutes ces notes une brochure, et de la publier en redressement de mon ouvrage, M. Gamba me les a transmises en manuscrit ; et je me plais à rendre hommage à cet acte de modestie autant que d'amitié.

Il reste encore dans mes Annales plus d'un article susceptible de légères corrections que pour des livres peu importants il eût été sans intérêt d'introduire dans un Supplément. Que pour la rare et précieuse collection des *Poetae Christiani* j'aie dit que tel cahier, précédemment annoncé de huit feuillets, n'en a réellement que six, cette rectification et plusieurs autres aussi légères ne pouvoient être motivées que sur l'importance des ouvrages.

Depuis la publication de mon livre, en 1803, plusieurs brillantes collections aldines se sont formées; d'autres ont été embellies d'une manière remarquable. A Milan, celles de M. le comte Trivulzio, de M. le comte G. Melzi, de M. le marquis F. Fagnani, contiennent les meilleures éditions aldines, et surtout des exemplaires très précieux, ou sur vélin, ou sur papier extraordinaire. Plus récemment, M. le comte Méjan, dans la même ville, en a formé une, qui déjà, par sa richesse, semble être commencée depuis long-temps. A Venise, au contraire, dans la patrie des Manuce, plusieurs belles et anciennes collections ont été, depuis peu, vendues et dispersées. Cette ville a perdu, en peu de temps, les bibliothèques Gradenigo, Mocenigo, Pisani, Zeni et quelques autres, dans lesquelles plusieurs générations d'amateurs instruits et opulents avoient réuni à grands frais, et pendant une longue suite d'années, les meilleurs livres en tout genre, et surtout les chefs-d'œuvre typogra= phiques dont cette ville s'enorgueillit à juste titre.

Beaucoup d'amateurs, sans avoir la volonté dé- terminée de former une collection aldine, rassem- blent néanmoins, avec empressement, un grand nombre des éditions qui la composent. Les uns, et c'est le plus grand nombre, accueillent surtout les volumes élégants et portatifs de la collection imagi- née par Alde l'ancien, et dont le Virgile de 1501 est le premier et le plus précieux : quelques-uns s'atta- chent surtout aux éditions italiennes ; d'autres enfin ont une prédilection toute particulière pour les belles éditions grecques qui font la gloire d'Alde l'ancien ; et en général on peut dire que, pour tout ama- teur un peu zélé, la rencontre d'un beau volume d'Alde est une bonne fortune qui, suivant le mot très spirituel de Mirabeau à l'abbé de Saint-Léger, le rend heureux pour trois jours.

Aussi les Annales de l'imprimerie des Alde ne sont pas un livre à l'usage seulement du très petit nombre de personnes qui voudroient rassembler toutes les éditions de ces célèbres imprimeurs ; elles sont destinées à prendre place dans toutes les bibliothèques où l'on veut réunir les meilleurs ou- vrages de littérature ancienne ; je les crois surtout un livre indispensable pour toute bibliothèque pu- blique, et pour toute personne dont les études se dirigent vers l'histoire littéraire : c'est ce qui m'a déterminé à les compléter et rectifier autant qu'il a dépendu de moi.

Si j'indique avec quelque soin les doubles éditions qui furent faites de plus d'un livre, sous la même date, et celles dont les exemplaires ont successivement reçu de nouveaux titres, ce n'est pas que j'attache une trop grande importance à ce que la distinction en soit faite ; d'autant plus que beaucoup de ces livres, les Calepin, les Lettere volgari, les Eleganze di Aldo, etc., ne sont plus que d'un assez mince intérêt ; mais cette exactitude fait nécessairement partie de mon travail : sans ce soin, le tableau seroit infidèle ; et voici pourquoi il seroit dès lors à-peu-près inutile. Toute édition, d'une date et d'un format qui la caractérisent, a ce qu'il faut pour n'être point confondue avec une autre ; des yeux suffisent pour la discerner : mais celles qui ont été ou imprimées plusieurs fois sous une même date, ou au contraire rajeunies plus ou moins de fois par de nouveaux frontispices, ne peuvent être bien reconnues que par un examen habituel et réitéré ; et des notices exactes sur ce point rendent au lecteur le service de lui donner des idées justes sur le plus ou moins de succès ou de défaveur obtenu par tel livre ou telle édition.

A la page 23 de ce Supplément, il est fait mention d'une gravure en bois placée par Federico

Torresano, sur quelques éditions qu'il fit exécuter ailleurs que chez les fils d'Alde ; à la fin de cette préface on la voit exactement copiée, et elle complète la représentation des marques d'imprimerie adoptées par la famille des Alde, de même que ce Supplément complète, au moins autant que je l'ai pu, les notices relatives à toutes leurs éditions.

Mais, dira-t-on peut-être, votre livre étoit donc bien incomplet, puisqu'il vous a fallu y ajouter un Supplément de 150 pages. A cela je répondrai qu'il n'en sera jamais autrement pour les ouvrages bibliographiques et de pure recherche, et surtout lorsque comme moi l'on aura pris le pénible engagement de ne laisser rien à dire sur un sujet.

Après trop de travail peut-être il me sera encore échappé ou des omissions ou des erreurs : *his, quaeso, benignus lector ignoscat.*

On vient de m'indiquer comme une édition aldine de toute rareté et nouvellement découverte, *Vita di Cleopatra*, in-8, imprimée vers 1550. Cet ouvrage, bien connu, est de Giulio Landi, et fut publié à Venise en 1551, sans nom d'imprimeur. Ne l'ayant pas sous la main, je ne suis point à portée de vérifier en ce moment jusqu'à quel point on pourroit le croire d'édition aldine ; mais Giolito de Ferrari ayant imprimé en 1545 la *Vita di Esopo*, du même Landi, et encore un autre ouvrage du même, en 1561, il me paroît fort probable que la Cleopatra aura été publiée par le même imprimeur.

Comme je mettois cette dernière feuille sous presse, M. le comte Méjan a bien voulu me communiquer le catalogue de sa belle collection aldine, et j'y ai trouvé les éditions suivantes à ajouter à ce Supplément :

Raphaelis Cyllenii Angeli Orationes tres. Venetiis, apud Bevilacquam, M. D. LXV. in-4. 32 pages.

Cette édition n'est point aldine, bien que l'imprimeur Bevilacqua y ait placé l'ancre d'Alde sur le titre.

M. T. Ciceronis Epistolae ad Atticum, *ex emend. D. Lambini.* Venetiis, Aldvs, MDLXXIX. in-8.

S. Pragmaticae, Edicta, Regiaeq. Sanctiones Neapolitanae, in unum congestae; per Prosperum Caravitam. Venetiis, MDLXXX, in-fol. avec l'ancre aldine.

434 pages, au commencement 8 feuillets, à la fin 3 de table, et un blanc. C'est le volume dont j'ai fait mention à la page 44.

J'avois aussi oublié de noter que l'édition de Salluste, *Romae*, 1563—64, est bien distincte et différente de celle de Venise, 1563.

L'exemplaire de la Cleopatra, 1551, dont je viens de faire mention, porte sur le titre une ancre faite à la main; et c'est cette falsification qui l'avoit fait donner pour édition aldine.

A la page 38, ligne 8, *lisez* 1569, *au lieu de* 1579;

Et plus loin, p. 48, l. 24, *au lieu de* in-4, *lisez* in-8.

P. 97, l. 7, *au lieu de* de nouvelle académie, *lisez* de la nouvelle académie.

Il y aura deux manières de réunir ce Supplément aux
deux autres volumes, soit en le faisant relier séparément,
comme tome iiie, soit en le combinant avec le tome ii,
duquel on retranchera la préface et la table des matières,
pour les reporter au commencement et à la fin du tome i^{er},
auquel ces deux pièces appartiennent effectivement. Il est
bien clair que je n'entends point parler de la table et de la
préface de ce Supplément qui doivent rester à leur place.

NOTES

POUR SERVIR DE SUPPLÉMENT

AUX

ANNALES DE L'IMPRIMERIE

DES ALDE.

V. 1494 — 95. Constantini Lascaris Grammatica graeca. *Graece et latine. In-4.*

Cette édition, bien supérieure à la première de Milan, 1476, est imprimée sur un exemplaire corrigé de la main de l'auteur. Les éditions suivantes sont plus amples, c'est-à-dire, qu'elles sont augmentées de divers opuscules d'autres auteurs, et analogues. Il n'est pas inutile de noter que les deux feuillets qui terminent le volume, et contiennent un passage de Moschopulus, précédé d'un *errata* pour la Grammaire et l'Appendix, manquent dans la plupart des exemplaires.

Dans la bibliothèque royale de Madrid on conserve une grande quantité de manuscrits de la main de Constantin Lascaris, contenant sa Grammaire, en plusieurs endroits différente des imprimés, d'autres opuscules, tant publiés qu'inédits, et beaucoup d'extraits de divers auteurs, compilés probablement par le même Lascaris. Dans le Catalogue des manuscrits de cette bibliothèque, le savant Iriarte donne des notices très détaillées de ces manuscrits de Lascaris, et publie quelques-uns des opuscules qu'ils contiennent.

V. 1495. Théocritus , Hesiodus. *Graece. In-fol.*

Dans une longue note sur Théocrite, qu'on lit à la fin d'une traduction des Bucoliques de Virgile publiée en 1806 , l'auteur, parlant des deux sortes d'exemplaires de cette édition de 1495 , et des détails que je donne sur la manière de les discerner , dit que M. Renouard a aperçu que les vignettes et la composition de tels et tels feuillets n'étoient pas les mêmes , qu'il en a averti , et qu'on n'a pas le droit d'en demander davantage à un libraire. Je laisse le lecteur prendre cette phrase en bonne ou en mauvaise part ; tout comme il le jugera convenable ; et je me borne à faire remarquer que, si j'eusse écrit un ouvrage exprès sur Théocrite et ses diverses éditions, j'aurois pu épuiser la matière , et me permettre beaucoup d'autres détails ; mais qu'ici , en m'arrêtant où se seront , si l'on veut , arrêtées la capacité et la science du libraire, j'ai eu la volonté de m'arrêter où me le prescrivoient le goût , et un certain instinct des convenances sans lequel on peut savoir beaucoup de choses , mais non pas les employer toujours à propos. Mon devoir étoit d'esquisser les différences servant à faire reconnoître les deux sortes d'exemplaires du Théocrite de 1495 ; tout ce que j'aurois dit au-delà n'eût été pour le lecteur fatigué qu'un inutile étalage d'une érudition vraie ou empruntée.

Un peu plus loin l'auteur, mécontent des éloges que je donne au savant et laborieux Alde l'ancien , passe les bornes d'une discussion littéraire , et prétend que le François qui regarde ce savant imprimeur vénitien comme le premier de tous les imprimeurs anciens et modernes , n'aime pas son pays , blesse la vérité , et compte pour rien la correction d'un livre. Les reproches sont un peu vifs ; il ne leur manque que d'être fondés. Ainsi donc , suivant notre auteur , quiconque préfère Raphaël à Poussin n'est pas un bon François. A Dieu ne plaise au reste que je croie mon opinion d'un assez grand poids pour décider le procès de la prééminence typographique ! mais mon admiration pour la savante et illustre famille des Estienne , le respect et la reconnoissance qu'avec tout ami des lettres j'ai pour ses innombrables travaux , et enfin la partialité dont l'homme le plus droit ne peut guère

se défendre pour les personnes et les choses qui tiennent à
sa patrie, toutes ces considérations ne peuvent m'empêcher de
reconnoître que, si les éditions grecques des Estienne sont, en
général, plus élaborées, et souvent plus correctes que celles
d'Alde, il n'est pas moins évident aussi que les Estienne arri-
vèrent lorsque les premiers efforts étoient faits, lorsque le ter-
rein étoit en grande partie défriché. Ils donnèrent bien un certain nombre d'éditions premières, mais les plus importantes et
les plus difficiles avoient paru. La famille des Manuce depuis
cinquante ans imprimoit, et imprimoit du grec; depuis qua-
rante années la famille des Estienne imprimoit, et avec réputation, sans avoir encore rien publié en cette langue. A la vérité,
ils surent habilement perfectionner, et dans leurs mains les
beaux caractères grecs qu'avoit fait graver le Monarque protecteur des lettres, l'illustre François Ier, ne produisirent que des
chefs-d'œuvre; mais quelque brillants, quelque importants
même que soient les utiles résultats de l'habileté et du savoir
qui perfectionnent, la principale gloire est en toutes choses
acquise au génie qui crée ou qui sait tracer, même imparfaite-
ment, une route neuve à travers des régions inconnues. Enfin,
les Estienne ont fait d'excellentes et magnifiques éditions grecques, parce qu'ils étoient imprimeurs, parce qu'ils reçurent du
Monarque la commission d'imprimer des livres en cette langue;
et Alde l'ancien adopta cette profession tout exprès pour arra-
cher à la destruction les antiques chefs-d'œuvre de la langue de
Démosthènes et de Pindare; toutes ses études, toutes ses combi-
naisons tendirent constamment vers cet unique but. Etranger à
l'art de l'imprimerie, il sut s'y rendre promptement habile.
Son début fut un livre grec avec des caractères exécutés à ses
frais, créés, pour ainsi dire, par lui, et plus beaux que tous
ceux qu'on avoit employés jusqu'alors. Dès la seconde, la troisième année, on vit se succéder, presque sans aucun intervalle, Aristote, Théocrite, les Grammairiens grecs, Aristo-
phane, etc., enfin toute cette immense série d'imposantes éditions qui, malgré quelques défauts, seront à jamais des monu-
ments admirables.

Au reste, dans cette lutte littéraire autant que typographique, les deux parties sont éminemment estimables, et si La Fontaine a très justement dit que,

A tort et à travers,
On ne sauroit manquer, condamnant un pervers;

c'est ici le cas de dire qu'on ne sauroit manquer en adjugeant une double palme aux deux illustres familles qui, pendant tout le cours du même siècle, furent l'honneur de la typographie françoise et de la typographie italienne.

Quant au reproche de compter pour rien la correction d'un livre, l'auteur l'a sans doute employé comme ressource oratoire, comme une manière d'arriver à la fin de sa phrase, car il sait parfaitement bien, et depuis longues années, combien j'ai toujours eu à cœur la correction typographique. Au moins cette recherche, qu'on pourroit même appeler excessive, a-t-elle tourné à l'avantage des nombreuses éditions que j'ai publiées, et qui toutes ont été complètement dirigées et soignées par moi dans quelque imprimerie que je les aie jamais fait exécuter; ce qui prouve de reste la discourtoise légèreté d'une telle allégation.

✣ V. 1497. Averrois Quæstio in librum priorum. *In*-4.

32 feuillets, dont le dernier contient un registre de réclame, commun à deux autres portions du même volume; *Epiphyllides*, 54 feuillets; *de Conversione propositionum*, 72 feuillets. Ce registre prouve que les trois parties ne doivent pas être séparées.

✣ V. 1497. Laur. Majolus de Gradibus medicinarum. *In*-4.

55 feuillets et un blanc. Ce volume et les trois pièces ci-dessus sont extrêmement rares.

V. 1497. Horae B. M. Virginis. *Graece*. *In*-16.

112 feuillets, suivis de 16 autres en deux cahiers, contenant *brevissima Introductio ad litteras græcas*. Encore plus rare que les précédents.

V. 1499. Dioscorides, Nicander, etc. gr. cum scholiis. *In-fol.*

Les dix feuillets de scholies sur Nicandre, qui manquent à la plupart des exemplaires, sont à deux colonnes, et imprimés en caractères plus petits que ceux du corps de l'ouvrage.

V. 1499. Epistolarum graecarum Collectio. *In-4.*

Cette édition est imprimée sur deux papiers, dont l'un, plus fort et beaucoup plus beau, est le même que celui des beaux exemplaires d'Hérodote, Pausanias, Strabon, etc.

V. 1499. Hipnerotomachia Polyphili. *In-fol. fig.*

Un exemplaire sur vélin de la seconde partie seulement, dans la belle bibliothèque de MM. Remondini, et un exemplaire complet, aussi sur vélin, indiqué au catalogue Pinelli, n° 3270.

V. 1500. Epistole de S. Catharina de Siena. *In-fol.*

Deux sortes de papier pour cette édition comme pour l'article précédent. Il paroît, au reste, que de ces volumes des premières années il étoit tiré au moins autant de beau papier que de la sorte plus commune; de façon que les exemplaires sur le meilleur papier, préférables à tous égards, ne sont cependant pas beaucoup plus rares que les autres. Il n'en fut pas de même dix ou douze ans après; car les Strabon, Pausanias, Bessario, 1516, et autres livres de ces temps, sont infiniment plus rares sur le beau papier que sur l'autre.

V. 1501. Poetae Christiani veteres. 2 *vol. in-4.*

Dans les poésies de Jean Damascène, à la fin du premier volume, le quatrième et dernier cahier du texte grec n'a que six feuillets, et non pas huit comme je l'avois annoncé.

V. 1501. Vergilivs. *In-8.*

Un exemplaire sur vélin dans la bibliothèque Ricardi, à Florence.

V. 1501. Petrarcha. *In-8.*

Le dernier cahier, de 6 feuillets, contient bien l'avis d'Alde et l'*errata* que j'ai annoncés, mais ces pièces n'occupent que 4 feuillets; les 2 derniers sont blancs.

M. Poggiali, de Livourne, a un bel exemplaire de ce livre, sur vélin.

V. 1501. Horativs. *In-8.*

Un exemplaire sur vélin dans la bibliothèque publique de Berne. A Munich, dans la bibliothèque royale, Virgile et Horace, tous deux de 1501, sur vélin, très bel exemplaire, relié en un seul volume. Ici, dans la bibliothèque impériale, deux exemplaires aussi sur vélin, l'un à la reliure de Grolier, l'autre avec ses armes, mais d'une reliure plus réconte.

V. 1501. Hier. Donati ad Gallorum regem (Lud. xii) Oratio. *In-8.*

Pièce de 4 feuillets que je n'avois pas encore vue, non plus que la suivante.

V. 1501. Ioannis Francisci Pici liber de Imaginatióne. *In-4.*

Pièce de 39 feuillets et un blanc, en beaux caractères ronds, et non moins rare que *P. Bembi AEtna*, 1495, in-4. Les quatre feuillets de commencement, contenant le titre, une préface d'Alde à son Mécène Alberto Pio, et une seconde préface de l'auteur à l'empereur Maximilien, pourroient manquer sans qu'on s'en aperçût, le volume n'étant pas chiffré, et ces quatre feuillets n'étant pas indiqués dans le registre imprimé à la fin du volume.

V. 1502. Le terze Rime di Dante. *In-8.*

C'est avec cette édition qu'Alde a commencé l'usage de sa marque, l'ancre aldine, qu'il a su rendre si célèbre. Il la fit placer sur le verso du dernier feuillet, pendant le tirage; c'est ce qui explique pourquoi on ne la trouve pas sur tous les exemplaires.

M. Bossi, habile peintre de Milan, qui prend plaisir à rassembler toutes les éditions de Dante, a de celle-ci un exemplaire sur vélin. J'en ai aussi acquis un, ayant les initiales décorées, mais les huit premiers feuillets sont imprimés sur papier.

Un exemplaire imprimé sur papier fort, et imparfait de plusieurs feuillets, se trouvoit, en 1809, à Trévise chez M. l'abbé Rossi, qui depuis a cedé sa belle collection de livres à la bibliothèque publique de la ville. Je ne fais note de ce volume imparfait et gâté, que pour établir l'existence d'exemplaires de cette édition sur un papier différent et plus beau.

V. 1502. Ciceronis Epistolae familiares. *In-8.*

267 feuillets non chiffrés, et un blanc.

V. 1502. Valerivs Maximvs. *In-8.*

J'ai dit que le cahier A, annoncé de 8 feuillets dans le registre, et qui se trouve de 12 dans la presque totalité des exemplaires, n'avoit effectivement d'abord que 8 feuillets, mais qu'Alde le réimprima pour ajouter les 24 *exempla* qu'il croyoit *nuper reperta :* ma conjecture a été confirmée par un exemplaire que j'ai fait acheter à la vente de Panzer à Nuremberg, dans lequel ce cahier A se trouve de la première impression, sans les 24 *exempla*, et de 8 feuillets seulement.

V. 1502. Catvllvs, Tibvllvs, Propertivs. *In-8.*

Le titre porte tantôt *Propertivs*, tantôt *Propetivs*, mais cette faute typographique ne dénote pas une double édition. La correction a été faite pendant le tirage.

V. 1502. Philostratvs. *Gr. lat. In-fol.*

Dans le catalogue des éditions aldines que vouloit vendre M. le comte Ayala, catalogue imprimé plusieurs fois à Vienne de 1803 à 1808, in-8, est annoncé fort au long *Philostrati Vita Apollonij*, latinè.... in-fol., avec cette note : *In Catalogo parisiensi nulla hujus vitæ fit mentio.* Plus d'une fois des observateurs inexacts m'ont reproché d'avoir omis des objets dont j'avois parlé, et même parlé à plusieurs reprises et un peu longuement. Ici c'est d'un livre imparfait qu'il est question ; c'est un *frustulum*, qu'on n'étoit peut-être pas fâché de faire passer pour une rareté presque inconnue. Rien n'est si facile que de vérifier, dans mon livre (page 38), que dans l'énoncé du titre on lit : *Ibidem libri latini*. Ma description faisant mention expresse d'une version latine qui vient à la suite du texte grec, il est clair qu'un volume qui ne renferme que le grec seul, ou le latin sans le grec, n'est qu'un livre défectueux et de peu de valeur. Je serai forcé de parler plus d'une fois encore de ce Catalogue de M. Ayala.

V. 1503. Florilegivm Epigrammatvm. *Graece. In-8.*

Un exemplaire sur vélin, dans la bibliothèque Magliabecchi, à Florence.

V. 1503. Euripides. *Graece.* 2 *vol. in-8.*

Un exemplaire sur vélin dans la précieuse bibliothèque de lord Spencer, bibliothèque probablement la plus belle et la plus riche de toutes celles que possède actuellement aucun particulier ; et un tome second seulement, aussi sur vélin, dans la bibliothèque Magliabecchi. Un exemplaire complet dans la riche et brillante collection de M. le comte G. G. Trivulzio, à Milan.

V. 1504. Gregorii Nazianzeni Carmina. *In-4.*

230 feuillets au lieu de 228 que j'indiquois.

V. 1504. Thesaurus Cornucopiae et Horti Adonidis. *Graece. In-fol.*

Fabricius, *Biblioth. graeca*, tome vi, page 295, édition de Harles, parle d'une édition de 1504, « *minore typorum charactere, fol. chart.* 140, *quum prior* 270 *occupet.* »

Malgré cette autorité, je persiste à croire apocryphe l'édition si positivement annoncée ; il y a là-dedans quelque erreur ou mal-entendu.

V. 1505. Gli Asolani di P. Bembo. *In-4.*

Un exemplaire sur vélin dans la collection précieuse et choisie de M. le comte Gaetano Melzi, à Milan.

V. 1505. Virgilivs. *In-8.*

La description que j'avois donnée de ce volume, d'après

l'exemplaire possédé par lord Spencer a cela d'inexact, que dans l'édition les huit premiers feuillets sont réellement chiffrés comme tout le reste du livre, et que la préface n'est plus la même que dans l'édition de 1501. L'erreur est venue de ce que le très bel exemplaire de 1505, dont la description m'avoit été communiquée, se trouve complété avec une première feuille de 1501.

Lord Spencer a depuis acquis un exemplaire de ce livre imprimé sur vélin; un autre est chez M. le comte Gaetano Melzi, à Milan.

V. 1508 — 9. Rhetores graeci. 2 *vol. in-fol.*

Ce livre est peut-être le plus véritablement précieux de tous ceux qu'Alde a imprimés. Il réunit la beauté de l'exécution à une très grande rareté; mais ce qui le rend éminemment recommandable, c'est que, pour beaucoup d'opuscules qui y sont contenus, et surtout dans le second volume, il est encore la seule édition qui en existe. Aussi le second volume est-il bien plus précieux que le premier, quoiqu'il contienne plus de 300 pages de moins.

Il y auroit plus d'une observation à faire sur les divers traités qui composent ces deux volumes, sur les réimpressions qui en ont été faites, sur les véritables noms de quelques-uns de leurs auteurs; mais tout ceci ne pourroit trouver place dans ces notes abrégées; il en sera question plus tard.

V. 1508. Aristotelis Poetica. *Graece. In-fol.*

V. 1508. Aristotelis Rhetorica. *Graece. In-fol.*

Manni cite ces deux ouvrages comme formant des éditions distinctes; il est possible que quelques exemplaires aient été distraits du recueil des *Rhetores graeci*, dont ils font partie.

V. 1509. Plvtarchi Opvscvla. *Graece. In-fol.*

On pourroit nommer ce volume grand in-4, parce qu'effectivement les vergeures du papier sont perpendiculaires; mais il est très probable qu'il aura été imprimé en in-fol., c'est-à-dire, par formes de deux pages seulement, avec du papier coupé par demi-feuilles.

Wyttenbach, dans son édition des OEuvres morales, assure avoir reconnu, par les collations qu'il en a fait faire avec soin, que les manuscrits dont s'est servi Alde sont les mêmes que l'on conserve encore aujourd'hui dans la bibliothèque de Saint-Marc ; et dans Labbe, *Nova Bibliotheca manuscripta*, tom. 1, pag. 522, on voit qu'Amyot a eu connoissance de ces mêmes manuscrits, et les a soigneusement conférés, vers 1546, lorsqu'il s'occupoit de sa traduction de Plutarque ; ce qui suffiroit pour répondre au reproche hasardé contre lui, d'avoir traduit, non sur le grec, mais sur une version latine, comme le bon abbé Gedoyn a véritablement fait pour sa traduction de Pausanias.

V. 1509. Horativs. *In-8.*

Dans la bibliothèque de lord Spencer, un bel exemplaire sur vélin.

V. 1512. Constantini Lascaris Grammatica graeca. *Gr. lat. In-4.*

Au lieu de 270 feuillets, il en faut 274, dont le dernier est blanc, et 20 pour l'appendix et l'*introductio ad hebraicam linguam*. La date se trouve au verso du feuillet ç ii. Un registre grec et une note latine qui précèdent immédiatement l'appendix, sont des guides indispensables pour collationner ce livre, à cause de l'embarras résultant de l'intercalation des feuillets de grec et de latin. On notera que le feuillet latin h iiii est par erreur coté C iiii, ce qui, dans beaucoup d'exemplaires, l'a fait mettre hors de sa place. Que le grec et le latin soient mêlés ou séparés, le livre n'en a ni plus ni moins de valeur ; il en est de même pour l'édition sans date.

V. 1513. Rhetorum graecorum Orationes. *Gr. 3 parties, in-fol.*

Les feuillets qui composent le premier cahier de la première partie sont en nombre impair, 9., ce qui pourroit faire craindre quelque imperfection. J'ai reconnu qu'à ce premier cahier, dont les 2 premiers feuillets ne sont point chiffrés, appartient un dixième feuillet, qui est supprimé dans presque tous les exemplaires, parce qu'en effet, le livre une fois relié, il étoit inutile. Il est blanc, ayant seulement deux lignes en grec et en latin, par lesquelles on avertit le relieur de le retrancher. Il correspond au feuillet contenant la fin de la préface, qui, n'ayant été imprimée qu'après le corps de l'ouvrage, et s'étant trouvée plus longue que la place qui lui avoit été réservée, aura nécessité l'addition de ce feuillet impair. On conçoit que je ne fais mention d'une si mince particularité que pour avertir qu'il n'y a aucune imperfection, bien qu'il manque réellement un feuillet.

V. 1514. Libri de Re rustica. *In-4.*

La *Serie* annonce un exemplaire de ce livre sur papier bleu, *carta azurra.* J'en connois un dans la bibliothèque de MM. Remondini, un autre à Milan, chez M. le comte G. Melzi, venant de la bibliothèque de Heidegger, de Zurich.

La plupart de ces anciens livres *sopra carta turchina, azurra,* sont sur une matière à peu près aussi belle que ce petit bleu grisâtre qu'on emploie pour couvrir les brochures ; et j'ai très peu vu de ces volumes dont la beauté du papier et de sa nuance fît excuser le haut prix qu'on attache à ce genre de curiosité.

V. 1514. Athenaevs. *Graece. In-fol.*

M. Schweighæuser, p. 25 de la préface de son édition d'Athénée, parle d'une page d'essai in-fol., *specimen* d'une édition d'Athénée qui n'a pas eu lieu ; et il croit cette page d'impression aldine. Elle se trouve dans mes mains, faisant partie d'un volume de lettres, et autres pièces grecques manuscrites et imprimées, venant de Beatus Rhenanus, que j'ai acquis de M. Schweighæuser fils, et qui sera plus tard l'objet d'une notice particulière et curieuse pour l'histoire littéraire ; j'ai attentivement examiné cette feuille, et j'ai reconnu qu'elle n'est point d'édition aldine, mais qu'elle a été imprimée à Bâle par Froben ou Oporin.

V. 1514. Quintilianvs. *In-4.*

La bibliothèque impériale en possède un exemplaire sur papier bleu, venant de Imbert de Cangé. Un autre fut vendu, en 1804, à la vente de M. de Cotte. Un troisième est dans la belle collection de M. le marquis Fred. Fagnani, à Milan.

V. 1514. Il Petrarcha. *In-8.*

Un exemplaire sur vélin se trouve dans la belle et nombreuse bibliothèque de M. J. Reina, à Milan. On en connoît encore quelques autres, dont un dans la bibliothèque Ricardi, à Florence.

V. 1514. Arcadia del Sannazaro. *In-8.*

Outre l'exemplaire sur vélin vendu à Londres à la vente de M. Paris', il en existoit un dans la bibliothèque Pinelli, n° 2460 du catalogue.

V. 1514. Virgilivs. *In-8.*

Il y a, sous la même date, deux éditions bien différentes : l'une extrêmement correcte, et méritant à tous égards l'estime que lui portoit Nic. Heinsius, qui en a su tirer habilement parti pour son édition, si justement estimée, de 1676, in-12; l'autre, qui est incontestablement la première des deux, est remplie d'une multitude de fautes, dont une partie seulement est relevée dans un long *errata* de quatre pages, placé avant le dernier feuillet. Il est à croire qu'Andrea Navagero, auquel on doit la seconde de ces deux éditions, aura seulement dressé l'*errata* de la première, sans avoir donné aucuns soins à son impression. La seconde, quoique datée de 1514, n'a certainement pas été imprimée avant 1519; aucune édition antérieure à cette année n'ayant l'ancre avec un dauphin à la gueule ouverte, qui est employée dans ce second Virgile. Ces deux éditions sont très rares ; mais la plus précieuse, quoique la plus récente, est bien certainement celle que son texte épuré et sa correction rendent si recommandable. L'une et l'autre ont 220 feuillets chiffrés, suivis du registre et de la souscription, sur un feuillet blanc; ensuite deux feuillets, blancs dans l'édition correcte, et remplis dans l'autre par l'*errata* dont j'ai parlé. L'ancre est sur un dernier feuillet. Au commencement est une préface d'Alde à P. Bembo, qui n'est point celle des deux éditions précédentes, de 1501 et 1505.

En 1808, j'ai acquis un très bel exemplaire, en grand papier, de l'édition correcte; c'est celui qui est indiqué dans la *Libbreria de' Volpi*, page 144. Un autre est dans la bibliothèque de lord Spencer.

Dans l'année 1515 mourut Alde, non pas en avril, comme je l'ai dit dans les Annales, mais le 8 février 1515 style véni- tien, et 1516 nouveau style, ainsi que le prouve une note ma- nuscrite trouvée par M. Morelli, dans une espèce de journal de la propre main de Marino Sanudo. Voici cette note telle qu'elle est rapportée dans *Aldi scripta tria*, pag. 24 :

« 1515. 8 febbraro. In questa mattina essendo morto za do giorni qui Domino Aldo Manutio Romano optimo Humanista et Greco, qual era zenero di Andrea di Axola stampador; il qual ha fatto imprimer molte opere Latine et Greche ben corrette, et fatto le epistole davanti intitolate a molti, tra le quali assai ope- rette a mi Marin Sanudo dedicò, et compose una Gramatica molto excellente. Hor è morto, stato molti zorni ammalato : et per esser sta preceptor di Signori de Carpi, et fatto della casa di Pii, ordinò il suo corpo fusse portato a seppellir a Carpi, et la moglie et figliuoli andassero ad habitar ivi, dove quelli Si- gnori li detteno certe possessioni. Et il corpo in chiesa di San Paterniano posto con libri attorno, ivi fu fatto le exequie et una Oration in sua laude per Raphael Regio Lector Pubblico in questa città in Humanità; et il corpo posto poi in un deposito fino si mandi via. »

Les derniers mots font présumer que son corps aura été porté à Carpi.

On sait que les éditions des années suivantes ont été données par André d'Asola et ses fils, jusqu'en 1529, époque de la mort d'André.

V. 1516. Bessarionis in calumniatorem Platonis libri. *In-fol.*

Il a été tiré quelques exemplaires sur beau papier, semblables à ceux qu'on connoît de *Pausanias, Biblia sacra graeca, Strabo,* etc. Un exemplaire que j'ai acquis depuis peu, m'en a fourni la preuve.

V. 1517. Terentivs. *In-8.*

Edition fort rare, dont je n'avois pas donné la description. Le volume se compose de 16 feuillets non chiffrés, 146 chiffrés, dont le dernier est par erreur coté 144. Il y a de plus à la fin deux feuillets, dont l'un porte au recto le registre avec la date, et au verso *l'errata;* l'autre feuillet est blanc. Il existe une contrefaction qui copie cette édition page pour page.

V. 1517. Cicéro de Officiis, etc. *In-8.*

Je dois aussi donner cette description omise dans les Annales : 158 feuillets chiffrés, et à la fin, deux blancs, dont le dernier porte l'ancre ; au commencement, 7 non chiffrés, et un blanc. Ils contiennent, avec le titre, une préface ou lettre d'Egnatio, *Marco Molino Patricio Veneto,* une autre préface du même, et une page d'*errata.*

Ce volume est presque aussi rare que le Térence de la même année. Il est bien évident que l'édition annoncée de 1514 est une chimère.

V. 1518. Sacrae Scripturae veteris novae'que omnia. *Graece. In-fol.*

Il y a de cette belle et rare édition quelques exemplaires sur grand papier, comme le Strabon, le Pausanias, etc.

V. 1518. Artemidorus. *Graece. In-8.*

J. Gott. Reiff, qui a donné l'édition très estimée de Leipsic,

1805, 2 vol. in-8, dit, en parlant de celle-ci, et de celle de Paris, 1603, in-4, *Vix ulla extabat pagina in illis, in qua non corruptum quid legeretur.*

V. 1518 — 19 — 20 — 21. Titus Livius, etc. 4 *vol.* *in-8.*

La *Libbreria de' Volpi*, pag. 144, fait mention d'un très bel exemplaire de ce livre, en grand papier, alors appartenant à la famille *Mussato* de Padoue, et le seul dont jusqu'à présent on ait eu connoissance. J'ai la satisfaction de le posséder depuis quelques années ; il est semblable au Virgile en grand papier imprimé en 1519, avec la date de 1514, et dont je viens de parler plus haut. La cinquième décade n'y est point en grand papier ; mais il paroît certain que, pour cette dernière partie, publiée seulement en 1533, tant d'années après les autres volumes, on n'aura pas songé à compléter les exemplaires, ou peut-être le seul exemplaire que, dans le temps, on avoit tiré sur papier supérieur.

V. 1519. Joannis Joviani Pontani Operum tomus secundus. *In-4.*

Dans beaucoup d'exemplaires de ce volume, on a arraché le feuillet 64, contenant une partie du Dialogue intitulé *Charon*, dans lequel l'auteur s'égaye un peu vivement aux dépens des évêques, des prêtres et des moines. Il y a des exemplaires où le zèle des commissaires de l'Inquisition a rendu la mutilation bien plus considérable.

V. 1519. J. Caesar. *In-8.*

On annonce de ce livre une édition de 1518 ; mais ces sortes d'exemplaires sont formés de feuilles des deux éditions de 1513 et 1519 ; c'est-à-dire, 264 feuillets de 1519, ayant à la fin la date de 1518, et ensuite l'Index de Marliani, sur 34 feuillets pris de l'édition de 1513, qui, n'ayant point de date à la fin, donnent aux exemplaires ainsi arrangés l'apparence d'une édition de 1518. J'en ai un de cette sorte, qu'un libraire de Paris me vendit il y a bien des années ; il me l'avoit garanti comme une insigne rareté, et je l'ai long-temps considéré comme tel.

V. 1520 — 21. Titus Livius, Polybius, etc. *In-fol.*

Le Polybe, que je n'avois pas encore vu en 1803, contient 71 feuillets chiffrés, dont le dernier porte au verso la date de 1521, *mense februario*, précédée du registre des signatures de tout le volume : ensuite vient l'ancre sur un dernier feuillet blanc.

V. 1521. Florilegivm Epigrammatvm. *Graece. In-8.*

Dans le catalogue Hohendorf est indiqué un exemplaire imprimé sur vélin, à la reliure de Grolier, avec les initiales peintes. Il est maintenant à Vienne, dans la bibliothèque impériale.

V. 1521. Svetonivs, etc. *In-8.*

En 1810, un exemplaire sur vélin à la bibliothèque impériale à Paris.

V. 1521. Il Petrarcha. *In-8.*

Non décrit dans les Annales. 184 feuillets, dont le dernier est blanc, mais cependant chiffré ; à la fin, 24 non chiffrés, contenant l'*Avviso d'Aldo agli lettori, le Rime aggiunte,* la table et la souscription avec l'ancre. La préface, de deux pages, n'est ni celle des précédentes éditions, ni celle des suivantes. Elle commence ainsi : *Tralle molte humane passioni , alle quali siamo soggetti noi miseri mortali......*

Il s'en trouvoit un exemplaire en papier bleu dans la précieuse collection des livres de Gius. Gradenigo, à Venise, dispersée en 1809.

V. 1521. Horae in lavdem beatiss. Virginis. *Graece.* *In-24.*

160 feuillets chiffrés, comme dans l'édition de 1505, dont celle-ci est une copie, imprimée de même en rouge et noir. On y trouve de plus, à la fin, deux courtes prières en grec, dont la dernière remplace la souscription grecque que, dans l'édition de 1505, on voit en lettres rouges, sur le recto du dernier feuillet, avant la date qui, dans l'une et l'autre, est énoncée en latin.

V. 1521. Le Volgari Elegantie di Nic. Liburnio. *In-8.*

La mauvaise exécution de ce volume m'avoit fait autrefois présumer qu'il pouvoit y en avoir de deux sortes, les uns d'édition aldine, et les autres d'une contrefaction ; mais tous les exemplaires que j'ai vus depuis sont d'une seule et même édition, faite dans l'imprimerie aldine avec des caractères usés.

Il en existe un ex. sur vélin dans la bibliot. de lord Spencer.

✢ V. 1521. Boetius de philos. Consolatione. *In-8.*

Quoique citée par Schelhorn, Amœnit. litt. t. x, p. 1197, cette édition est imaginaire. Il est à noter que ce savant, indiquant plusieurs éditions aldines, dit : *Quæ in manus meas interim inciderunt.* Il paroît que, citant de mémoire, il donne pour aldine l'édition de Florence, *per hæredes Philippi Juntæ*, 1521, in-8.

V. 1523. Aldi Pii Manutii Institut. Gramm. *In-4.*

L'appendix fait partie des 104 feuillets chiffrés, quoique dans les Annales, page 271, il soit dit que cette pièce est à la suite des 204 feuillets, c'est-à-dire, en sus de ce nombre.

V. 1524. Herodianus. *Gr. lat. In-8.*

Dans les Annales, p. 172, j'avois donné pour mort M. Irmisch, savant éditeur d'Hérodien, et déploré la privation où son décès nous mettoit de l'achèvement de cette amplissime édition. Maintenant il ne vit plus, à ce qu'on m'assure ; mais il a bien fait preuve d'existence par la publication des deux derniers volumes, qui portent à 5097 pages d'impression serrée, cette prodigieuse édition, à laquelle on peut donner pour pendant le Pomponius Mela de M. Tzschucke, autre savant des mêmes contrées, qui a su pétrir cette docile pâte, au point de la faire lever à la dimension de sept bons volumes in-8. Un jour viendra sans doute où la réunion des bons ouvrages qui nous restent en assez petit nombre des Grecs et des Romains, formera une masse de quatre à cinq milliers de volumes, y compris les *discursus, excursus, animadversiones, et commentarii perpetui.* Je ne parle pas des *Indices,* car ils ne peuvent jamais être assez amples ; et, si l'on avoit un souhait à former, ce seroit qu'il y eût, comme du temps de nos pères, des hommes assez studieux pour faire de semblables *Indices* à nos Racine, nos Corneille, nos Pascal, etc.

L'Hérodien d'Irmisch contient, à la vérité, beaucoup d'excellentes choses, de très savantes notes et *animadversiones*, qui seroient surtout un utile supplément au *Thesaurus linguæ græcæ* de Henry Estienne ; mais, si doctes que soient ces élucubrations, il n'est pas bien prouvé qu'elles soient toutes ici à leur place, et qu'un tel entassement d'érudition ne soit pas une surcharge plutôt qu'un service rendu au lecteur.

V. 1526. Simplicius in Arist. libr. de Coelo. *Gr. In-fol.*

Alde, croyant publier le texte de Simplicius, n'a donné qu'une très mauvaise version grecque faite sur la traduction en latin barbare de Guill. de Moërbeka, qui vivoit dans le XIIIe siècle. Un manuscrit, existant à Turin dans la bibliothèque de l'Académie, contient le texte original de Simplicius : c'est ce qu'a découvert M. A. Peyron, savant professeur dans l'Académie de cette ville, à l'occasion des recherches qu'il a faites pour son édition des fragments d'Empedocle et de Parmenide, publiée à Leipsic, 1810, in-8. Dans la préface de ce livre, il compare de longs passages pris du manuscrit et de l'édition aldine, la seule qui existe de ces commentaires ; et ce parallèle prouve jusqu'à l'évidence que ce n'est point de sa part une conjecture ingénieuse, mais une découverte très réelle. Il seroit à souhaiter que l'on publiât ce texte, dont le manuscrit de Turin est peut-être le seul exemplaire existant ; mais cette publication n'est point de celles que puisse entreprendre le commerce de la librairie, même le plus désintéressé ; elle ne peut avoir lieu que par la munificence d'un gouvernement ou de quelque opulent protecteur des lettres.

V. 1528. Celsus et Serenus Sammonicus. *In-4.*

Un exemplaire sur vélin, chez M. le comte Méjan, à Milan.

V. 1528. Paulus AEgineta. *Graece. In-fol.*

Le savant M. Morelli, dans le premier volume de *Bibliotheca manuscr.*, caractérise ainsi cette édition, à l'occasion d'un manuscrit CCXCII de la bibliothèque de Saint-Marc, *Pauli AEginetæ Compendium artis medicæ multò emendatius in codice hoc exstat, quam in editione Basileensi an. 1538, quæ Aldina an. 1528 præstantior est.* Il résulte de ce jugement, que cette première édition n'a d'autre recommandation que sa rareté.

V. 1529. Sannazarii Odae et Elegia , J. Cottae Carmina. *In*-8.

Cette rare édition est sans nom d'imprimeur, et n'est point aldine; en quoi se sont trompés Maittaire, *Ind.* 1, p. 315, et, d'après lui, Panzer, t. 8, p. 512, qui l'annoncent *in œdibus Aldi*, etc. Je n'ai pas encore réussi à en acquérir un exemplaire, mais je l'ai vue à Venise chez M. Morelli.

A compter de l'année 1533, l'imprimerie aldine est régie par Paul Manuce.

V. 1534. Arcadia del Sannazaro , — Sonetti et Canzoni del medesimo. *In*-8.

M. le comte G. Melzi de Milan possède un fort bel exemplaire, en grand papier, de ces deux volumes ; et ici, dans la bibliothèque impériale, l'*Arcadia*, en grand papier, à la reliure de Grolier.

V. 1535 — 36. Plinii naturalis Historia. 3 *vol. in*-8.

Dans la bibliothèque Magliabecchi , à Florence, est un exemplaire, en grand papier, de ces trois volumes, sans l'Index ou quatrième volume.

Outre les tomes 1 et 2 que, dans les Annales, j'ai annoncés se trouver avec la date de 1540, j'ai reconnu depuis qu'il existe des tomes 3e, aussi de 1540, quoique toujours de la même édition que ceux qui portent une date antérieure.

V. 1536. Aristotelis Poetica. *Gr. lat. In*-8.

Un bel exemplaire sur vélin, chez M. le comte Trivulzio, à Milan.

✣ V. 1538. Fini Hadriani Fini Ferrariensis in Ivdaeos flagellvm. *Fed. Turresanus. In*-4.

Volume rare, ainsi que les deux suivants.

✣ V. 1538. Tirante il bianco. *Fed. Torresano. In*-4.

✣ V. 1538. Il Cortegiano di B. Castiglione. *Fed. Torresano. In*-8.

✣ V. 1539. Libri tre delle cose de' Tvrchi. *In-8.*

Mince volume de 40 feuillets, fort rare. Il a été réimprimé avec beaucoup d'autres pièces, en 1543 et 1545, sous le titre *Viaggi alla Tana.*

C'est cette édition qui, mal connue, a induit à annoncer dans la *Serie* Paolo Giovio, Cose de Turchi, 1539, in-8. Cet ouvrage a bien été imprimé aussi à Venise dans cette même année 1539, mais ailleurs que chez les Alde, et sans nom d'imprimeur : c'est un petit volume de 48 feuillets et 2 de table.

V. 1540. M. T. Ciceronis Epistolae familiares. *In-8.*

Un exemplaire en grand papier, vendu chez M. de Cotte, et un autre dans la bibliothèque Brera, à Milan.

✣ V. 1540. Constantini Lascaris Grammatica graeca. *Gr. lat. Expensis Fed. et Fr. Asulani.*

Ce volume et le suivant sont, ainsi que les trois de 1538, imprimés pour les Torresani, alors séparés des fils d'Alde.

✣ V. 1542. Caroli v Expeditio in Africam. *Franc. Torr. de Asula. In-8.*

V. 1543. Orbecche Tragedia di G. B. Giraldi Cinthio. *In-8.*

Il y a deux autres éditions, contrefaites sur l'aldine, assez mal imprimées, et de 63 feuillets, plus un blanc. Au verso du 63e, l'une des deux éditions porte seulement la date M. D. XLVII; l'autre a sur ce même feuillet : *In casa de' figliuoli d' Aldo, in. Venegia, nell' anno* M. D. XLIII.

V. 1544. M. T. Ciceronis Epistolae ad Atticum. *In-8.*

Chez M. de Cotte, un exemplaire en grand papier, qui paroît avoir été formé de deux. J'en ai fait l'acquisition.

V. 1545. L'Andria, et l'Eunucho di Terentio. *In-8.*

Un exemplaire en grand papier bleu, chez M. Smith, à Londres.

V. 1545. La Hypnerotomachia di Poliphilo. *In-fol. fig.*

Quadrio dit que le style de cette seconde édition a été retouché. Voulant reconnoître si son assertion n'étoit point hasardée, j'ai conféré à dessein un grand nombre de passages des deux éditions ; et les différences que j'ai trouvées ne sont autres que des fautes d'impression, bien plus nombreuses dans la seconde édition que dans la première, et à peine quelques mots, des épithètes surtout, qu'on puisse croire avoir été changés à dessein.

✠ V. 1545. Lettere volgari, libro primo. *In-8*.

Copie de l'édition de 1544.

V. 1545. Orlando furioso di L. Ariosto. *In-4*.

Les *cinque Canti* paroissent dans cette rare édition pour la première fois. Dans le 2e et le 3e chant, il manque un certain nombre d'octaves qui furent rétablies dans les éditions suivantes ; mais il est à remarquer que, dans celle-ci, le premier de ces 5 chants commence par une stance ou octave d'après laquelle on voit que le commencement de l'ouvrage a été certainement perdu. Aussi cette octave a-t-elle été supprimée dans toutes les autres éditions ; la voici :

> Ma prima che di questo altro ui dica ,
> Siate signor contento ch' io ui mene ,
> Che ben ui menerò senza fatica ,
> La done il Gange ha le dorate arene ;
> Et ueder faccia una montagna aprica ,
> Che quasi il ciel sopra le spalle tiene ,
> Col gran tempio , nel quale ogni quint' anno
> L' immortal Fate à far consiglio uanno.

V. 1545. Terentii Comoediae. *In-8*.

Un bel exemplaire en grand papier, chez lord Spencer. Un autre dans ma collection, mais un peu gâté.

✠ V. 1546. Lettere volgari , libro secondo. *In-8*.

V. 1546. Le Occorenze hvmane, per Nic. Libvrnio. *In-8*.

Chez M. le comte Melzi, à Milan, un bel exemplaire en grand papier et à grandes marges, à la reliure de Grolier. Un autre dans la bibliothèque publique de Trévise, cédé par M. l'abbé Rossi ; exemplaire aussi en grand papier.

V. 1546. Ammonii Hermiae in Aristotelis de interpretatione librvm Commentarivs. *In-8.*

En grand papier dans la bibliothèque Saint-Marc à Venise, avec les deux autres commentaires du même qui se réunissent à celui-ci.

V. 1546. Dialoghi di M. Speron Speroni. *In-8.*

Il paroît qu'il y a de ce livre deux éditions sous la même date, car MM. Remondini de Venise en ont un exemplaire contenant seulement 158 feuillets chiffrés, sur le dernier desquels est la date avec l'ancre, tandis que celui que j'ai sous les yeux en a 160.

✱ **V. 1547.** Isolario di Benedetto Bordone. *Fed. Torresano. In-fol.*

V. 1548. M. T. Ciceronis Epistolae ad Atticum. *In-8.*

A la vente de M. Dourches étoit un exemplaire en grand papier, qu'il avoit acquis de la bibliothèque Rover.

Le catalogue Ayala indique une édition de 1549, qui n'est autre chose que celle de 1548, dont il paroît que quelques exemplaires portent à la fin la date de 1549.

✱ **V. 1548.** M. T. Ciceronis Officia, etc. cum commentariis Petri Marsi, Martini Filetici, et Ascensii. *In-fol.*

Volume peu commun. Dans une courte préface, *Studiosis litterarum,* on lit : .... *delegimus ex interpretibus probatissimos quosque.... rejecimus Omnibonum quendam et Maturantium, quòd in iis plurima contra veram Ciceronis sententiam continebantur. Idque fecimus Pauli Manutii consilium secuti....*

✱ **V. 1548.** Lettere volgari, libro primo. *In-8.*

✱ **V. 1548.** Epistole et Orationi di S. Catherina da Siena. *Fed. Torresano. In-4.*

Imprimé à deux colonnes, et à la fin un feuillet blanc, sur

lequel est une tour, marque de Fed. Torresano, joliment gravée en bois ; j'en donne l'exacte copie dans ce volume. Cette
édition, assez rare, contient de plus que celle de 1500, in-fol.,
une préface de Fed. Torresano alla Sora Paula Sinistra, deux
pièces de poésie latine, une vie de sainte Catherine, et *Pii*
secundi in vitam et canonizationem S. Catherinæ Epistola.

V. 1548. P. Paschalii adversus G. Mavlii parricidas Actio. *In-8.*

Il paroît que ce livre est imprimé par Gryphe de Venise. On
en voit des exemplàires qui ont sur le titre son nom au lieu de
l'ancre et du nom d'Alde. D'ailleurs il est, pour le format et
l'impression, assez peu semblable aux éditions aldines.

✣ V. 1548. Nic. Liburnii Epithalamium. *In-4.*

Dans le catalogue de la bibliothèque particulière de Pie vi,
Rome, 1805, in-12, n° xlj des Miscellanea, ce livre est indiqué
ainsi daté : *Apud Aldum*, 1548. Est-ce une autre édition que
celle de 1554, ou bien une faute du catalogue ?

✣ V. 1549. Lettere volgari, libro secondo. *In-8.*

V. 1549. Demosthenis Orationes iv. *Latine. In-4.*

J'ai de cette édition un exemplaire imprimé sur un papier
jaune brun, d'une nuance assez peu agréable.

✣ V. 1549. Carolus Magnus de impio imaginum Cultu: Paulini Aquilejensis episc. Libellus. *In-12.*

Je cite ce livre sur le seul témoignage d'Harwood, t. i, p. 366,
éd. de Venise. Il croit cette petite édition donnée par Bernard
Turrisan, à Paris, en 1549 ; mais il est à peu près certain qu'en
cette année-là Bernard étoit encore à Venise ; car le premier
livre qu'on connoisse de lui, à la date de Paris, est de 1554.

✣ V. 1549. Acoluthia lectoris, sive Sylliturgica. *Graece. Fed. Turrisanus. In-8.*

Petite pièce rare, de 16 feuillets, imprimée en rouge et noir.

✷ V. 1549. AEschinis et Demosthenis Orationes IV, inter se contrariae. *Graece. Fed. Turrisanus. In*-8.

Rare volume, divisé en deux parties, dont la première a 75 feuillets chiffrés, plus, 4 au commencement, et la seconde, 112; le 44e feuillet de la première partie est blanc.

✷ V. 1551. Generalia Statuta fratrum tertii ordinis S. Francisci. *In*-4.

✷ V. 1551. Apostolica Privilegia fratrum tertii ordinis S. Francisci. *In*-4.

✷ V. 1551. Ordinationi delli frati del terzo ordine di San Francesco. *In*-4.

Ces trois pièces sont destinées à être réunies. La première a 40 feuillets, la seconde, 28; et la dernière n'en a que 6.

✷ V. 1552. M. T. Ciceronis Epistolae familiares. *In*-8.

✷ V. 1552. Ambrosii Calepini Dictionarium. *In-fol.*

C'est l'édition de 1548, dont on a réimprimé les deux seuls feuillets du titre et de la fin, mais on y a de plus ajouté une partie séparée de 60 feuillets non chiffrés, contenant des additions et corrections.

V. 1552. Historie di Nicolo Machiavegli. *In*-8.

Cette édition, que j'avois annoncée *in casa de figliuoli di Aldo*, porte leur ancre sans leur nom. Elle est fort rare, mais très mal imprimée, et je la crois, non pas d'impression aldine, mais faite pour les frères *Torresani*, par l'imprimeur qui déjà avoit imprimé pour eux *il Cortegiano*, et plusieurs autres livres.

V. 1552. Junioris Lud. Pariseti Orationes tres. *In*-8.

M. Balbi de Venise, qui a vendu, en 1811, sa belle collection aldine, avoit de ce livre un exemplaire sur grand papier, qui probablement est à Milan, chez quelque amateur.

✣ V. 1553. Virgilius. *In-8.*

V. 1553. In Epistolam Q. Horatii Flacci de Arte poetica Jasonis de Nores Interpretatio. *In-8.*

On trouve des exemplaires de ce livre qui portent sur le titre : *Apud Andream Arrivabenum*, M. D. LIII; et l'ancre y est remplacée par la marque de ce libraire.

V. 1553. Terentius. *In-8.*

M. Balbi avoit un exemplaire de ce livre en grand papier.

✣ V. 1553. Junioris Lud. Pariseti Pavsithea. *In-8.*

On annonce aussi ce petit volume avec la date de 1554.

V. 1553. P. AEginetae Opera, a J. Guinterio latinitate donata. *Fed. Turrisanus. In-8.*

Ce n'est pas une réimpression du texte grec, mais seulement la version latine. Cette édition existe bien réellement, mais non pas, que je sache, celle qu'on met à l'année 1558.

V. 1554. Fr. Luisinus in librum Horatii de Arte poetica. *In-4.*

J'ai de ce livre un exemplaire sur grand papier.

V. 1554. Demosthenis Orationes. *Gr. 3 vol. in-8.*

Un exemplaire en grand papier, chez M. Balbi, à Venise. Il est maintenant à Milan.

V. 1554. Poesie volgari di Lorenzo Medici. *In-8.*

Dans mon exemplaire, et dans tous les autres que j'ai vus, soit avec la feuille O entière et de 16 pages, soit avec la même feuille réimprimée et réduite à 8 pages, le registre qui est à la fin du volume, avertit que *i fogli tutti sono quaderni, eccetto O che è duerno;* et cependant cet *O* est *quaderno* dans les exemplaires non mutilés. Il semble donc qu'il faut mettre de côté ce petit conte, que vingt bibliographes ont répété sans examen, que Paul Manuce, devenu seul maître de l'imprimerie, supprima, etc., et conclure que la suppression des 5 *canzoni* étoit décidée même avant que l'impression du volume eût été achevée. Il se sera échappé dans le public quelques exemplaires avec la feuille primitive de 16 pages, parce qu'à moins de précautions bien extraordinaires, il est très rare que les suppressions ou changements qui s'exécutent dans un livre déjà imprimé, ayent lieu pour la totalité absolue des exemplaires.

✣ V. 1554. Lettere volgari, libro secondo. *In-8.*

✣ V. 1556. Eleganze della lingua toscana e latina, scielte da Aldo Manutio. *In-8.*

73 feuillets, et 9 à la fin, contenant la table, suivie d'un *errata*. Première édition d'un livre tant de fois réimprimé dans ce siècle et dans le suivant, et l'un des titres qui ont placé Alde le jeune au rang des enfants célèbres par leur savoir prématuré. Il faudroit être cependant un peu crédule pour ajouter foi à ce qu'annonce le titre, que cette compilation est l'ouvrage de ce jeune enfant ; car, étant né en février 1548 (1547 style ancien), il avoit à peine 8 ans et demi quand parut cette première édition ; et des lettres de son père prouvent que, plusieurs années même après 1556, il n'étoit pas encore très avancé. (V. *Ann.* t. 1, pag. 235, et t. 2, p. 108.)

V. 1556. Car. Sigonii Fasti consulares ac Triumphi acti à Romulo rege usque ad Tib. Caes. *In-fol.*

Les deux titres qui se trouvent dans cet ouvrage, portent, dans une partie des exemplaires, au lieu de l'ancre et du nom de P. Manuce, *ex officina Stellae Giordanis Ziletti*, avec l'étoile, marque de cet imprimeur.

Quelques exemplaires de *Iani Lacinii pretiosa Margarita*, 1546, portent, non pas le nom, mais seulement la marque de Ziletti, et la date de 1557, avec cette différence cependant, que, dans ces exemplaires, la première feuille de 16 pages est entièrement réimprimée.

✫ B. 1557. Julii Carrarii Discussio theologica de vitio Simoniae. *Ant. Manut. In*-8.

Petite pièce rare, de 29 feuillets.

V. 1557. In Epistolas Cic. ad Atticvm P. Manvtii Commentarivs. *In*-8.

D'après le catalogue, d'ailleurs fort exact, de M. Rover, on pourroit croire à l'existence d'une édition de 1558, et la regarder comme d'autant plus rare, qu'il seroit bien impossible d'en découvrir un second exemplaire. J'ai fait acheter à cette vente le volume ainsi annoncé; ce n'est autre chose que l'édition de MDLVII, avec un I ajouté à la plume.

V. 1558. Commentarj del Viaggio in Persia, di Caterino Zeno. *In*-8.

Ce volume, indiqué dans les Annales, page 308, n'appartient aucunement à la collection aldine, et porte le nom de *Francesco Marcolini*.

✫ V. 1559. Eleganze scielte da Aldo Manutio. *In*-8.

On a vu, dans les Annales, qu'il y a deux éditions sous la date de 1558; il en est de même pour l'année 1559, pendant laquelle il fut fait aussi deux éditions de ce livre, sans changement de date.

✫ V. 1559. Aldi Pii Manutii Grammaticae Institutiones. *In*-8.

Edition toute semblable à celle de 1558. Je n'ai pas encore vérifié si ce ne seroit pas la même, avec le seul changement de la date sur le titre.

✫ V. 1559. Bernardi Georgii P. V. Perioche in XIIII publicas solennitates. *In*-8.

10 feuillets non chiffrés; petite pièce fort rare.

✫ V. 1559. Ambr. Calepini Dictionarium. *In-fol.*

Copie littérale de l'édition de 1558. Deux éditions, publiées

d'une année à l'autre, feroient croire que les frontispices seuls
ont été renouvelés, si les feuillets, chiffrés dans les exemplaires
de 1558 , et non chiffrés dans ceux-ci, ne prouvoient que les
deux éditions sont bien distinctes.

✣ V. 1560. Lettere volgari di diversi. 2 *vol. in-8.*

✣ V. 1560. Discorso di Rinaldo Odoni. *In-4.*

. C'est l'édition de 1557, dont on a réimprimé la première
feuille contenant le titre et les préliminaires.

✣ V. 1561. Liber precum. *Apud filios Gio. Francisci Turresani. In-8.*

Ce livre, mal annoncé dans la *Serie*, édition de 1803, l'est
beaucoup plus exactement dans *Bibliotheca Duboisiana ,*
nᵒ 5504; on y lit : « *Liber*, (*forte* BREVIARIUM *aut* MISSALE
MOZARABUM), *litterulis rubro-nigris eleganter impressum.*
Venet. ap. filios Gio. Francisci Turresani, 1561, *in-8.* En tête
du volume étoit cette note manuscrite : « Langue mozarabe ou
muzarabe, dont il y a une église à Toledo en Espagne, qui est
la grande, où, au rapport de M. de Monconys, il se dit tous les
jours une messe en langue muzarabe, commençant par la fin de
la nôtre. »

✣ V. 1561. Terentius, cum notis Mureti. *In-8.*

✣ V. 1561. J. Camillus, de ordine ac methodo in
scientia servandis. *In-4.*

Il y a deux sortes d'exemplaires de la même édition. Les uns
sont dédiés *Andreae Auriae,* et les autres *Carolo Cicadae epis-
copo Albinganensi.* Ce sont les 4 premiers feuillets qui ont été
réimprimés , avec quelques légères différences dans le titre.

✣ V. 1561. Pianto della marchesa di Pescara , sopra la passione di Christo. *In-8.*

Avec l'ancre sur le titre et le mot *Aldvs,* mais point les mots
presso i figlivoli di Aldo , comme le dit inexactement Zeno ; ce

qui m'avoit fait regarder l'existence de cette édition comme chimérique.

✣ R. 1563. B. Theodoreti in Ezechielem Commentarius. *Lat. In-fol.*

✣ V. 1563. Ambr. Calepini Dictionarium. *In-fol.*

Cette édition est bien réelle, et différente de celle de 1564. Il y a aussi des exemplaires de 1558, redatés de 1563, par la substitution d'un x à la place du v.

V. 1564. Ciceronis Oratoria. *In-8.*

Ainsi annoncé dans le catalogue Ayala, avec cette note : *Deest in catalogis florentino et parisiensi.* Le rédacteur de ce catalogue n'a pas vu que c'étoit une partie des *Libri rhetorici*, annoncés dans mes Annales, page 342.

✣ V. 1564. Ambr. Calepini Dictionarium. *In-fol.*

Il y a de ce livre deux éditions sous cette même date, toutes deux de la même imprimerie, et d'une ressemblance aussi parfaite que peuvent l'être deux éditions dont l'une est servilement copiée sur l'autre, et avec les mêmes caractères. Je ne fais mention de ceci que pour faire voir l'étonnante vogue que devoit avoir un livre qu'il falloit réimprimer aussi souvent.

✣ R. 1564. Canones et Decreta Concilii Tridentini.

Outre les trois éditions in-fol. dont je n'ai point à parler, il y a cinq éditions différentes en in-8 et une in-4, faites à Rome, sous la même date de 1564; plus, deux in-8 à Venise, aussi de 1564; ce qui fait onze éditions manutiennes toutes de 1564, sans compter une douzième édition de Venise, in-4, qui seroit de la même année, mais dont l'existence ne m'est pas encore prouvée.

Le catalogue Pinelli, n° 294, fait mention d'un exemplaire de Rome, 1564, in-8, imprimé sur vélin, relié aux armes du cardinal Sfondrati, évêque de Crémone et l'un des pères du Concile. Le même catalogue indique, sous le n° 295, un exemplaire de la même édition, sur papier bleu.

Dans la bibliothèque Magliabecchi, à Florence, est un exemplaire sur vélin, de la première édition, in-fol.

R. 1564. Salviani Opera. *In-fol.*

Dans la préface de l'édition de S. Maxime, in-fol., exécutée à Rome par les ordres de Pie VI, on note qu'il y a de ce livre deux éditions de la même année, dont la seconde est plus correcte et un peu augmentée. Ce livre n'étant point rare, j'en ai comparé beaucoup d'exemplaires qui tous se sont trouvés d'une seule et même édition.

✳ V. 1564. Favstini Amici Bassanensis Epistola. *In-4.*

6 feuillets et deux blancs.

La parfaite ressemblance des caractères de cette brochure avec ceux des autres éditions aldines de ce temps, prouve qu'elle est aussi d'impression aldine, quoiqu'elle n'ait point l'ancre, ni aucun nom d'imprimeur.

✳ R. 1564. Index librorum prohibitorum. *In-4.*

Il y a de ce livre, sous la même date, deux éditions bien distinctes, mais dont le choix est indifférent.

✳ V. 1564. Index librorum prohibitorum. *In-8.*

Avec l'ancre, mais sans nom d'imprimeur. Réimpression des éditions in-4 de Rome.

✳ V. 1565. Canones et Decreta Concilii Tridentini. *In-8.*

Outre l'édition que j'ai annoncée, il y en a une seconde sous la même date. Elle a de plus sur le titre : *Bulla Confirmationis. S. D. N. Et alia Declaratoria*, qu'effectivement on trouve à la fin du volume, après l'Index.

Quoiqu'un peu plus ample, cette édition a un feuillet de moins que l'autre, parce que l'Index et les pièces antérieures y sont imprimés en caractères plus menus.

✣ V. 1565. Terentius, cum notis Mureti. *In*-8.

Je doutois de l'existence de cette édition, mal annoncée dans la *Serie;* mais j'en ai depuis rencontré des exemplaires.

✣ V. 1565. Fr. Ambr. Calepini Dictionarium. *In-fol.*

✣ V. 1565. Clementis Dolera Compendium theologicarum Institutionum. *In*-8.

Ce Dolera, général de l'ordre de Saint-François, évêque de Foligno, et cardinal, fut, de son temps, considéré comme une des lumières de son ordre ; mais son ouvrage et son nom sont maintenant dans l'oubli le plus complet. Il mourut en 1568.

✣ R. 1566. Catechismus ex Decreto Concilio Tridentini. *In-fol.*

Il y a deux éditions des 118 premières pages ; ce qu'il est facile de reconnoître en comparant les exemplaires de l'une et l'autre édition ; mais il n'y a aucun choix à faire entre les deux.

✣ V. 1566. Discorso di Andrea Marini contro la falsa opinione dell' Alicorno. *In*-8.

39 pages. Petite pièce rare.

✣ R. 1566. Epistolae D. Hieronymi. *4 vol. in*-8.

Outre les trois volumes indiqués dans les Annales, pour cette édition, il en faut un quatrième, qui contient les scholies de Marianus Victorius (Mariano Vettori), et l'Index. Il n'a ni titre, ni date.

✣ R. 1566. Catechismo del Concilio di Trento. *In*-8.

R. 1566. Matthaei Curtii de prandii ac cenae modo Libellus. *In*-8.

J'avois annoncé cette édition sous la date de Venise, mais elle est de Rome, et imprimée par Paul Manuce.

✤ V. 1567. P. Virgilius Maro. *In-8.*

Troisième réimpression, assez peu soignée, de la jolie édition de 1558.

✤ V. 1567. Canones et Decreta Concilii Tridentini. *In-8.*

✤ V. 1567. Orationes, Responsa, Litterae, ac Mandata ex Actis Concilii Tridentini collecta. *In-8.*

Ce recueil, dont il y a une réimpression de 1569, se relie presque toujours à la suite de *Canones et Decreta Concilii Trid.*

Il est à noter que cette première édition, portant le nom d'Alde, a une préface de Dom. de Farris, éditeur de ce recueil, et que cette même préface ne reparoît plus dans la réimpression de 1569, faite pour le compte et au nom de ce libraire, aussi dans l'imprimerie aldine.

✤ R. 1568. Breviarium romanum. *In-fol.*

Il y a deux éditions sous la même date.

✤ R. 1568. Breviarium romanum. *In-8.*

Imprimé en rouge et noir, comme l'in-fol. Ces Bréviaires sont fort rares de l'un et l'autre format, sans en être, à la vérité, plus précieux.

V. 1568. Titus Livius. *In-fol.*

Cité dans le catalogue Ayala, ainsi qu'une autre édition de 1578, tout aussi peu réelle.

✤ V. 1568. Eleganze scielte da Aldo Manutio. *In-8.*

R. 1569. Catechismus, etc. *In-8.*

Indiqué dans le catalogue Ayala, comme oublié dans mes Annales, où il est cependant annoncé, page 369.

✤ V. 1570. Francisci Morandi Sirenae Epistola ad Nicolaum Ormanetum, Patavii Episcopum. *In-4.*

Opuscule de quatre pages, avec l'ancre sur le titre.

✠ V. 1570. Ejusdem Epistola ad Jacobum Foscare-
     num Veronae praetorem. *In-4.*

Quatre pages, comme au précédent.

✠ V. 1570. Locutioni dell' Epistole di Cicerone.
     In-8.

✠ V. 1570. Horatius, cum notis Mureti. *In-8.*

Horace et Térence, l'un et l'autre avec les notes de Muret, ont
été imprimés dans cette même année chez Paul Manuce et chez
les Turrisan; ce qui prouve bien la jalouse rivalité qui existoit
entre tous ces parents, jadis si étroitement unis.

V. 1571. Authoritates sacrae Scripturae a P. Canisio
     collectae. *In-4.*

Trois volumes, au lieu de quatre que j'indiquois dans les
Annales.

✠ V. 1571. Ambrosii Calepini Dictionarium. *Ex
     bibliotheca aldina. In-fol.*

Il paroît qu'à Venise les propriétés littéraires n'étoient pas
alors grandement respectées, car cette édition de Calepin
porte à la fin les *Additamenta Pauli Manutii,* quoiqu'elle
soit exécutée dans une imprimerie rivale; et, au contraire,
dans cette ville de Lyon, où, vers le commencement du même
siècle, on avoit si adroitement contrefait une multitude d'éditions aldines, je vois qu'en 1580 une réimpression in-fol. des
Commentaires de P. Manuce sur les Epîtres familières, n'a pas
été faite sans l'autorisation de son fils. *Apud Carolum Pesnot,
cum permissione Aldi Manutij.*

✠ V. 1572. Eleganze scielte da Aldo Manutio.
     In-8.

V. 1572. Rime del Commendatore Annibal Caro.
     In-4.

Un exemplaire en papier bleu, chez M. le marquis Fagnani,
à Milan.

✠ R. 1572. Pauli Manutii in Ciceronis Orationem pro Archia poeta Commentarius. *Apud Josephum de Angelis. In-4.*

Cette pièce, ouvrage de Paul Manuce, appartient à la collection aldine, bien qu'elle soit d'une autre imprimerie.

V. 1573. L. Paetus de Mensuris et Ponderibus romanis et graecis. *In-fol. fig.*

L'édition est petit in-fol. et sur un papier assez commun. J'ai un exemplaire sur papier très beau et de plus grand format.

✠ V. 1573. Idem. *In-4.*

Edition différente de l'in-fol., avec les mêmes gravures en bois.

✠ V. 1573. Eleganze scielte da Aldo Manutio. *In-8.*

J'ai de ce livre, ainsi que du suivant, un exemplaire en grand papier bleu (*carta turchina*).

✠ V. 1573. Locutioni dell' Epistole di Cicerone, scielte da Aldo Manutio. *In-8.*

✠ V. 1573. Ambrosii Calepini Dictionarium. *In-fol.*

Ce volume est terminé par le *Vocabolario volgare e latino*, *composto per Luc' Antonio Bevilacqua*, en 75 feuillets et un blanc, avec cette date à la fin : *Appresso Nicolò Bevilacqua*, MDLXXIII.

Dans cette édition aldine et les suivantes, on doit trouver à la fin ce Vocabulaire dont les dates varient, et ne sont pas toujours celles du Calepin auquel on le joint, ce qui est tout à fait indifférent. On trouve aussi ce Vocabulaire relié séparément, sous diverses dates, et quelquefois avec le nom et la marque d'Alde ; mais comme ce n'est réellement qu'une appendice des Calepin, je n'en ferai point d'annonce séparée.

✠ V. 1573. Officium hebdomadae sanctae. *Ex bibliotheca aldina. In-12.*

J'ai vu ce livre dans la bibliothèque de Saint-Marc, à Venise.

Il est imprimé en rouge et noir, avec quelques gravures en bois ; à la fin on lit : *Apud Hieronymum et Bernardinum Turrisanos, fratres.*

✣ R. 1573. Ad excellentiss. Iac. Boncompagnum Hippolyti Capilupi versus, cum Epistola Pauli Manutii, ad eumdem Boncompagnum. *Jos. de Angelis. In-4.*

Mentionné ici à cause de la préface ou épître de Paul Manuce, qui occupe 4 des 6 feuillets dont se compose cette brochure.

Dans cette préface, Paul Manuce se félicite d'être à Rome, *....quod in ea civitate vitam agere, quæ otio, libertate, copia rerum omnium, omni denique virtute, virtutumque principe justitia floreat.... ita.... ut ad summam felicitatem prope nihil deesse videatur.*

Il ne jouit pas long-temps de ce bonheur, puisqu'il mourut dans cette même ville le 6 avril 1574.

V. 1575. Catechismus Concilii Tridentini. *In-8.*

M. l'abbé Rossi, à Trévise, avoit, en 1809, un bel exemplaire de ce livre, sur grand papier. Il est maintenant dans la bibliothèque publique de cette même ville.

✣ *Florentiae*, 1575. Adagia, Paulli Manutii studio atque industria ab omnibus mendis vindicata, etc. *Apud Juntas. In-fol.*

Chargé par les pères du concile de Trente, de revoir et corriger les Recueils d'adages et d'apophthegmes, autrefois publiés par Erasme, et si souvent réimprimés depuis, chaque fois avec de nouvelles augmentations, Paul Manuce, qui eut pour adjoint Th. Manriquez, *sacri palatii magister*, laissa probablement à l'ecclésiastique le soin de la révision inquisitoriale ; et considérant sa tâche sous le rapport littéraire, il corrigea et améliora ces Recueils, au point que dans ses mains ils sont, pour ainsi dire,

devenus de nouveaux ouvrages. Ce travail fort considérable ne
fut achevé qu'en 1572, et soumis par Th. Manriquez à l'examen
d'Eustachio Locatello, évêque de Reggio, qui, le 27 février
1573, y donna son approbation, qu'on lit au commencement
de cette édition in-fol., mais qui ne reparoît plus dans les deux
suivantes, in-4, de 1578 et 1585.

Pourquoi P. Manuce envoya-t-il son manuscrit aux Giunti de
Florence plutôt qu'à sa maison de Venise? ceci tient probablement à des considérations commerciales et pécuniaires, qu'il est
maintenant sans intérêt de rechercher. Il est très probable aussi
que les Giunti firent cette édition de concert avec Alde le jeune,
qui y mit une préface à Grégoire XIII, datée de Venise, kal.
maij, 1575.

On ne lit plus du tout cette immense compilation, et cependant on y trouveroit bien des choses fort bonnes à savoir.

✠ V. 1576. Eleganze scielte da Aldo Manutio. *Ex
bibliotheca aldina. In-8.*

Ce que je ne puis concevoir, c'est la double réimpression
d'une quantité de livres, qui, étant, ainsi que celui-ci, évidemment la propriété littéraire de l'imprimerie manutienne, se
réimprimèrent concurremment dans celle des Turrisani, dont
les intérêts étoient bien certainement en opposition avec ceux
de la famille des Manuce. Si cette faculté d'imprimer eût été le
résultat d'une indemnité convenue, d'un traité quelconque,
elle seroit certainement indiquée en quelque endroit de l'un de
ces livres.

✠ V. 1576. Catechismo del Concilio di Trento.
In-8. fig. en bois.

✠ V. 1576. M. T. Ciceronis Epistolae familiares.
In-8.

Edition extrêmement mal imprimée, et dont les passages grecs
sont tout aussi mauvais que le texte. Quoiqu'elle porte sur le
titre l'ancre avec les mots *Aldvs Ivnior*, elle pourroit bien
cependant ne pas être d'impression aldine.

V. 1576. Nizolius, sive Thesaurus Ciceronianus. *In-fol.*

Édition bien plus ample que la précédente de 1570.

Il est rare de trouver ce livre et les Galepin autrement que déchirés, et en très mauvais état. J'ai de cette édition un exemplaire sur grand papier, mais sa conservation n'est point parfaite.

✣ **V. 1576. Ambr. Calepini Dictionarium.** *In-fol.*

Cette édition et la suivante doivent trouver place dans ces notes, parce que je les avois annoncées seulement sur parole, et comme doutant de leur existence.

✣ **V. 1577. Ambr. Calepini Dictionarium.** *In-fol.*

MM. Remondini, de Venise, ont bien voulu me faire savoir qu'ils possèdent cette édition, qui est différente et distincte de la précédente de 1576.

✣ **V. 1578. Adagia Paulli Mannuccii studio atque industria ab omnibus mendis vindicata; nunc vero incredibili labore emendata à F. Angelo Rocch. qui exemplum Florentiae editum ab innumeris erroribus expurgavit.** *Apud Hieronymum Polum.* *In-4.*

Réimpression plus correcte de l'édition de Florence, 1575, in-fol. Elle est en petites lettres rondes, et assez jolie. Il est plus que probable que ce volume, ouvrage de Paul Manuce, imprimé à Venise, et précédé d'une préface de son fils, a été exécuté dans l'imprimerie manutienne. La préface d'Alde à Grégoire XIII est celle qui est dans la précédente édition.

✣ **V. 1578. Oratio in funere Bern. Rottarii, ab Aldo Manutio habita, in aede DD. Io. et Paulli. IV non. Dec. ꝏ DLXIIX.** *In-4.*

8 feuillets, dont le dernier blanc; avec une préface de Hora-

tio Goffredo, dans laquelle il dit qu'Alde eut à peine trois heures pour composer ce discours. *Is paene trihorio confecit.*

MM. Remondini en ont une autre édition de 8 pages seulement, qui paroît n'être point aldine. Celle que j'annonce est en belles lettres rondes, et certainement d'Alde.

✠ V. 1579. Ambr. Calepini Dictionarium. *In-fol.*

Encore une édition bien constatée du Calepin.

V. 1579. Cicero de Philosophia pars III ; de Officiis ; Cato major, de Amicitia, etc. *In-8*, 360 *pag.*

J'ai eu soin de faire acheter chez M. d'Ayala ce volume, qu'avec grande raison il annonce comme manquant dans tous les Catalogues aldins ; et c'étoit le troisième tome d'une édition de Gryphe, dont la moitié inférieure du titre avoit été coupée et remplacée par un débris de titre portant l'ancre, le nom d'Alde, et la date de 1569. Il est facile de créer ainsi des raretés bibliographiques !

V. 1580. Virgilius, cum notis J. Meyen. *In-8.*

Les exemplaires qui portent cette date, et ceux de l'an 1587, sont de l'édition de 1576, dont les 8 premières pages seulement ont été chaque fois réimprimées.

✠ V. 1580. Aminta favola Boscareccia del S. Torquato Tasso. *In-8.*

74 pages précédées de 4 feuillets, contenant le titre, la préface d'Alde à Ferando Gonzaga, datée de Venise, a' **xx** di Dicembre, **m. d. lxxx**. A la fin, sur 6 feuillets, *le Conclusioni amorose.* Il n'y a d'autre date que celle de la préface.

Édition très rare, et antérieure à celle de 1581, jusqu'à ce jour réputée la première. On me dira peut-être que c'est au contraire une réimpression copiée sur l'originale, et faisant partie d'une édition des *Rime di T. Tasso* qui seroit datée de 1581 ou 1582. Ceci est peut-être vrai, mais ce qui est très vrai aussi, c'est que jamais je n'ai rencontré aucun exemplaire d'une édition aldine des *Rime di Tasso* en in-8.

✤ V. 1580. Rocca da Camerino; Osservationi intorno alle bellezze della lingua latina, *In*-8.

Réimpression de l'édition de 1576. Les catalogues d'Alde indiquent une édition in-16 que je ne connois point.

✤ V. 1580. Jacobi Critonii in applausu ad celeberrimam urbem Venetam Carmen ad Aldum Manutium. *In*-4.

Cette pièce est citée dans un Catalogue de livres à vendre ; j'ignore si elle est d'impression aldine.

✤ V. 1580. Paulli Manutii Epist. lib. XII, et Praefationes. *In*-8.

Deux éditions sous la même date, desquelles, au reste, le choix est tout à fait indifférent.

✤ V. 1581. Ambrosii Calepini Dictionarium. *In-fol.*

Chez M. Remondini.

V. 1581. Aloysius Lipomanus de Vitis sanctorum. 6 *vol. in-fol.*

Un Catalogue de MM. Molini et Landi, de Florence, en annonçoit, en 1806, un exemplaire avec la date de Rome ; mais, vérification faite, il a été reconnu que c'étoit une erreur, et que l'exemplaire étoit daté de Venise.

✤ V. 1581. Officium B. M. Virginis. *In*-12.

Le frontispice, gravé en taille-douce, représente en médaillons les quinze mystères du rosaire. Le nom du graveur est ainsi désigné : *Gaspar ab Avibus cittadelensis incidebat.* En tout 562 pages chiffrées, suivies d'un feuillet contenant l'index. L'édition est jolie, en rouge et noir, et remplie de gravures en taille-douce, par divers graveurs.

✤ V. 1583. Ambrosii Calepini Dictionarium. *In-fol.*

Cette édition est en caractères plus petits que les précédentes ; aussi le volume est bien plus mince.

V. 1584. Il perfetto Gentil-Huomo descritto da Aldo Mannucci. *In-4*.

M. Morelli croit qu'il y a ici un double plagiat. En 1566, Fr. Sansovino publia à Venise, chez Rampazetto, *Dialogo del Gentilhuomo Venetiano*. Cet ouvrage, qu'il donna comme sien, fut toujours réputé tel, et personne ne réclama. Seulement en 1776, M. Morelli, faisant le Catalogue raisonné des manuscrits de la bibliothèque Nani, 2 vol. in-4, découvrit la fraude, et fit connoître que le véritable auteur étoit Bernardo Tomitano, dont l'ouvrage est en manuscrit dans cette bibliothèque, sous le n° cxxxviii, avec la date de Padoue, 1550. Sansovino n'avoit fait autre chose que changer le nom du Mécène, et arranger quelques détails qui auroient été inconvenants dans la bouche de Trifone Gabriele, l'un des interlocuteurs de son dialogue. Ainsi le voleur a eu 210 années d'impunité. Le second plagiat, dont à la vérité je n'ai pas de preuves suffisantes, seroit celui d'un voleur qui en auroit volé un autre. Il s'agit de vérifier si Alde le jeune n'a point pris son *Perfetto Gentilhuomo*, en tout ou en partie, dans l'ouvrage imprimé sous le nom de Fr. Sansovino. Pour cette vérification il faudroit avoir à ma disposition ou le manuscrit de Tomitano, ou le livre de Sansovino que j'ai inutilement cherché à Paris, ou enfin un ouvrage publié à Milan, en 1800 : *Istoria delle scuole della dottrina cristiana fondate in Milano, opera del canonico Giambatista Castiglione*, in-4, dans lequel M. Morelli m'a prévenu avoir inséré, 1ère partie, pag. 264, une note à ce sujet. Je croyois trouver ce livre à Paris, mais arrivé au moment de mettre cette feuille sous presse, le temps me manque pour le faire venir de Milan, ou pour y faire au moins copier la note.

Si cette double fraude, en supposant qu'elle soit réelle, eût, dans le temps, attiré l'attention des Vénitiens, et que quelqu'un, découvrant le manuscrit de Tomitano, eût reproché publiquement à Alde Manuce de l'avoir copié, de s'être approprié cet ouvrage, Alde eût peut-être dit la vérité, en jurant ses grands dieux qu'il n'avoit jamais eu connoissance ni du manuscrit, ni de l'ouvrage de Tomitano ; mais cette assertion , matériellement vraie , eût été cependant un mensonge , parce qu'elle auroit eu pour but de faire croire au public le contraire de la vérité , parce que l'auteur, accusé de plagiat , auroit très bien su que s'il n'avoit ni connu ni copié l'ouvrage allégué , il en avoit connu et copié un autre ; et enfin parce que ce délit littéraire ne consiste point dans le nom de l'écrivain qu'on a pillé , mais dans le plagiat lui-même , et surtout aussi dans les précautions prises pour en dérober la connoissance au public , et recevoir des applaudissements non mérités. Au reste , ne faisons point les gens plus noirs qu'ils ne sont. Le plagiat n'est point avéré ; la dénégation mensongère n'a pas eu lieu ; et s'il est vrai qu'Alde se soit laissé aller à un larcin littéraire , il est très probable aussi qu'il n'auroit jamais eu la hardiesse de le nier si on lui en eût fait publiquement le reproche.

✶V. 1585. Adagia Paulli Mannuccii studio atque industria ab omnibus mendis vindicata, nunc vero ab innumeris erroribus repurgata , et verae lectioni restituta. *Ex Unitorum Societate.* *In-4.*

Réimpression de l'édition de Venise, 1578 , in-4, qui avoit été corrigée par le moine Ang. Roccha , dont le nom ne reparut plus sur le titre de celle-ci. Comme celle de 1578 , elle est en petites lettres rondes, à deux colonnes, d'une assez bonne exécution , et plus correcte que l'in-fol. On y trouve la même préface d'Alde le jeune ; et, quoique le nom d'Alde ne figure pas sur le titre de cette édition , il est indubitable que ce volume a été imprimé par lui, en société avec quelques confrères : *Ex Unitorum Societate.*

✤ V. 1585. In Q. Horatii Flacci Carmina atque Epodos Bernardini Parthenii Commentarius. *In-4,* *avec l'ancre sur le titre.*

Après les Odes, commentées par Parthenius , sont les Satires et les Epîtres, sans commentaires, en une partie séparée de 61 feuillets, ayant un titre exprès.

Il y a des exemplaires dont le titre est une planche en taille-douce portant : *Venet.* CIƆ IƆ XXCIV *apud Dom. Nicolinum.* Dans ceux qui portent l'ancre, on a, pour changer le titre, réimprimé les huit premières pages formant une feuille entière.

✣ R. 1585. Antiqvitatvm Romanarvm Paulli Mannvccii liber de civitate romana. *Apud Bartholomaeum Grassum. In-4.*

Sur le dernier feuillet du texte, avant l'index, *Romae,* CIƆ IƆ XXCV *ab Aldo. Typis Francisci Zannetti.* Après le titre , une préface d'Alde le jeune au cardinal Aless. Peretti. Les deux mots, *ab Aldo,* signifient sans doute que ce livre, imprimé par Zannetti, l'a été aux frais et à la diligence d'Alde, qui l'aura mis à vendre chez le libraire Bart. Grasso.

✣ B. 1585. Antiquitatvm Romanarvm Pavlli. Mannvccii liber de. comitiis. *In-fol.*

B. 1585. Ad Sixtum . v. Oratio Aldi Mannuccii , habita in academia Bononiensi. *Apud Joannem Rossium. In-fol.*

J'avois, dans les Annales, donné mal à propos à cette pièce la date de 1583.

✣ B. 1585. A Sisto. v. Pontefice Ottimo Massimo Oratione di Aldo Mannucci , trad. da G. Fr. Costeo. *Per Alessandro Benacci. In-4.*

Ces diverses pièces appartiennent à la collection aldine, non point pour leur impression, mais pour leur auteur. Elles sont rares, et surtout les deux dernières.

✣ *Florentiae,* 1587. Oratio de Francisci Medices Laudibus habita in augustissima aede. Pisana. ab

Aldo Mannuccio. *Ex typographia Georgii Mares-cotti. In-4.*

S'il est vrai qu'il existe de ce discours une édition de Pise, 1587, in-fol., celle-ci en est la réimpression.

✻ V. 1587. Virgilius. *In-8.*

Édition de 1576, avec les huit premières pages réimprimées, ainsi qu'il a été dit ci-dessus.

V. 1588. De medico hebraeo Enarratio apologetica, auct. David de Pomis. *Apud Joannem Variscum. In-4.*

Le savant professeur M. De-Rossi, de Parme, m'a rendu le service de m'apprendre que ce livre n'est point d'impression aldine; et en même temps il a bien voulu se dessaisir en ma faveur de son exemplaire. Ce volume ne tient à cette collection que par une lettre d'Alde le jeune à l'auteur. Il est fort rare.

✻ V. 1588. Terentius, cum notis Mureti. *In-8.*

Sur le titre, *Ex officina aldina,* et à la fin du texte, *apud Joannem Garreum.*

✻ R. 1589. De Bononiae laudibus Oratio a Benedicto Morando Bononiensi, ante centum annos Sixto iv conscripta et edita. *Franciscus Coattinus. In-4.*

47 pages et 4 feuillets de préliminaires. Cette pièce, qu'Alde venoit de trouver en manuscrit parmi les papiers de sa biblio-thèque nouvellement transportée de Venise à Rome, fut pu-bliée par lui, en reconnoissance de l'accueil qu'il avoit reçu des Bolonois. Il l'accompagna d'une préface, *Vexillifero et* XL *viris Senatûs bononiensis.*

✻ R. 1590. Le Attioni di Castruccio Castracane, da Aldo Mannucci. *Heredi di Gio. Gigliotti. In-4.*

Cet ouvrage est estimé des Italiens, et cependant je ne vois pas qu'il en ait jamais été fait aucune autre édition.

V. 1592. Viaggio spirituale di Cornelio Bellanda.
In-8.

Cette réimpression de l'édition de 1578 est annoncée dans
les Annales, mais à l'année 1591, ce qui est une erreur.

✢ V. 1592. In Epistolas M. T. Ciceronis familiares,
P. Manutii Commentarius. *In-fol.*

A la fin de ce volume, comme à beaucoup d'autres de ces
mêmes temps, est un catalogue des *Libri di stampa d'Aldo*,
che si trovano al presente, en une page pleine. J'y vois *Prag-*
matice del Regno di Napoli, in-fol. 7 l., volume que je n'ai
jamais rencontré, et dont je n'ai trouvé la mention dans aucun
autre catalogue, non plus que du suivant, qui est dans la même
liste : *Modi famigliari di dire, scielti da Aldo Giovane*, in-8.
C'est M. Ange Pezzana, bibliothécaire de la bibliothèque impériale de Parme, qui a bien voulu me faire penser à consulter
attentivement ce catalogue.

Au commencement de la *Demonomania*, 1592, in-4, est
un catalogue plus détaillé, et ayant les dates des éditions. Je
n'y trouve plus *Pragmatice* ni *Modi famigliari ;* mais j'y
vois indiquée une édition dont l'existence m'avoit paru douteuse, et qu'effectivement je n'ai encore rencontrée nulle part :
c'est la suivante.

✢ V. 1592. M. T. Ciceronis Epistolae familiares.
In-8.

✢ R. 1592. Lettere volgari di Aldo Manucci. *Presso*
al Santi et comp. In-4.

Ce qu'il y a de plus curieux à lire dans ce volume est une
espèce de nouvelle ou anecdote amoureuse, écrite en un latin
assez bon quoiqu'un peu trop recherché, et extraite de l'Histoire de Naples, de Paolo Emilio Santonio.

On y voit aussi un tour de force assez remarquable, dix-sept
lettres de recommandation données le même jour à un jeune
voyageur pour dix-sept personnes, dont seize de la même ville,

et toutes écrites en des termes différents, quoique pour le même objet.

✣ R. 1592. De Clemente VIII, Pont. Max., collap-
sam pietatis disciplinam restituente (Aldi Mannuccii Carmen). *In-4.*

4 feuillets. Pièce de 57 vers, précédée d'une préface *Ludo-
vico Torres, archiepiscopo Montis Regalis.*

✣ R. 1593. Biblia sacra vulgatae editionis. *Ex typographia apostolica Vaticana. In-4.*

Cette édition peut servir à défaut de la précédente de 1592,
in-fol., dont elle est la réimpression. Elle est rare.

✣ R. 1593. Psalterium romanum ad usum cleri
Basilicæ Vaticanæ. *Ex typographia Vaticana. In-8.*

Comme les Bibles de 1590 et 1592 , et même 1593 , furent
imprimées pour être les prototypes de toutes les éditions fu-
tures, cette version littérale du Psautier qui, dans ces dernières années , étoit encore en usage dans la chapelle du Vati-
can (chapelle Sixtine), est de même accompagnée d'un bref
motu proprio du pape Clément VIII , portant anathême contre
tous ceux qui la réimprimeroient sans se conformer entièrement
à cette édition. Ce volume, bien imprimé en gros caractères
rouges et noirs , est d'une grande rareté.

✣ V. 1593. Horatius , cum scholiis. *In-8.*

Edition indiquée dans le catalogue Ayala , et probablement
de même mérite que le Térence de l'année suivante.

✣ V. 1594. Terentius. *Apud Dominicum de Farris.
In-8.*

Méchante édition , notée ici uniquement à cause de l'ancre
qu'elle porte sur le titre. Plusieurs éditions de ce temps , et
réputées aldines , sont sorties des presses de ce même Dom. de
Farris , et sont toutes à peu près aussi mauvaises.

V. 1594. Eleganze scielte da Aldo Mannuccio. *In-8.*

En 1803, je n'avois vu ni l'édition de 1580, in-8, ni celle
de 1586, in-12, et je conjecturois cependant que celle de 1594
n'étoit qu'une simple copie de l'une de ces deux éditions, malgré l'annonce du titre, *con l' aggiunta di* cccclxxxviii *nuovi
capi.* J'ai depuis vérifié que celle de 1580 est la dernière qui ait
reçu des augmentations ; on en a ensuite copié le titre en 1586,
et encore en 1594, de façon que c'étoit toujours pour le public
une édition récemment augmentée. De même dans une édition
assez élégante des Œuvres de madame Deshoulières, imprimée
à Paris en l'an VII, 2 vol. in-8, on a, sans autre explication,
copié l'avertissement d'une édition de Paris, 1753, 2 vol.
in-12, dans lequel il est fait mention de beaucoup de pièces
inédites qui véritablement parurent pour la première fois dans
cette édition de 1753 ; de là il résulte que, pour la presque
totalité de lecteurs, l'édition de l'an VII est censée contenir
beaucoup de pièces non encore publiées. Si c'est là une naï-
veté de l'éditeur, elle a tout l'air d'une malice.

V. 1595. Discorso di cosmografia, in dialogo. *In-8.* 56 *pages.*

Une courte préface de Fr. Bellinato à Girol. Foscari, datée
de Venise, XI nov. 1572, et qui cependant n'est point dans
l'édition de 1590, apprend que cet opuscule, dont il ne se dé-
clare pas l'auteur, est extrait de Ptolomée : *Un breve compendio
delle Tavole di Tolomeo.*

✠ R. 1596. Transsilvaniae olim Daciae dictae Descriptio à Io. Petro et Paullo Manuciis. *Ex typographia Accoltiana. In-4.*

43 pages, à la fin un feuillet, et au commencement quatre,
avec une carte géographique de la Transsylvanie, gravée en
taille-douce.

Ce mince volume, très rare, fait connoître deux descen-
dants de la famille des Manuce, desquels je ne crois pas qu'il

suit question ailleurs (1). La préface, adressée *Hugoni Boncom-
pagno Marchioni Vincolae, et Ducis Sorae*, est signée *Io.
Petrus, et Paullus Manucij*. Romae, 1596, kal. apr. Elle commence ainsi : *Decet cum majoribus minores idem sentire. Nos
quidem, Paullo Manucio avo, et Aldo avunculo, prognati,
quidquid ipsi debent, debere nos quoque, jure existimamus.
Pertinet ad nos, colere eos, et observare, quorum beneficen-
tia ipsorum studia sublevavit. Neque vero est, qui magis id
praestiterit, quam immortalis rec. Gregorius* XIII *cujus ex
liberalitatis fonte prodiisse, fere, quantumcumque habet, sive
rei, sive existimationis, avunculus, in omne sermone, omni
loco, omni tempore, gratus animus profitetur.*

Petits-fils de Paul Manuce, ces J. Pierre et Paul, qui prenoient
son nom, étoient indubitablement les fils de sa fille, qu'en 1573
il avoit mariée à Rome. Ils nomment Alde Manuce *avunculus;*
ils auroient pu ajouter le mot *magnus* (grand - oncle) : probablement ils l'ont omis à dessein, et dans la crainte qu'il ne
fît équivoque avec les qualifications honorables que, dans cette
épître, ils adressoient à leur Mécène. S'ils nommoient Paul
Manuce *avunculus*, on les croiroit fils d'Antoine Manuce ;
mais alors ils seroient cousins germains, et non point neveux
d'Alde le jeune, et, en 1596, des hommes déjà avancés en âge.

V. 1597 — 98. Elektra tragedia. Glivbmir pripo-
vius pastirska. I Glivbav, I smart Pirama, I Tisbe.
Is vechie Tugiehiesiká ù Harvackij i sloxene.
K'tomusu pristavgliene niekolike Piesni ù smart
od Raslizieh. Po Dominkv Slatarichiv. *V' Bne-
zieh ; Polak Alda.* cɪɔ. ɪɔ. xcɪɪx. *In-4, fig. en bois.*

Copie exacte du titre d'une édition fort rare, et dont les
exemplaires auront été probablement presque tous envoyés
dans les provinces illyriques. Celui qui j'ai vu à la biblio-

---

(1) Hormis dans la légende d'un portrait de Paul Manuce, gravé
en taille-douce, et employé dans plusieurs éditions aldines. On y
lit : *Pavllvs. Manvtivs. Aldi. F. Aldi. Pater. Pavlli. Avvs.*

thèque de Brera , à Milan , est sur beau papier fort; il a 102 feuillets chiffrés , suivis du Catalogue d'Alde , sur 4 pages; au bas de la quatrième est la date, *In Venetia presso Aldo* , CIꓥ. Iꓥ. xcvii, et au verso le portrait d'Alde l'ancien , gravé en bois. Au commencement 12 feuillets, contenant le titre, une préface dé l'auteur, et autres préliminaires. Après Electre, qui finit au feuillet 36, sont 4 feuillets surnuméraires et non chiffrés, contenant le titre de Glivbmir, et une préface; au contraire, le titre de Pirama 1 Tisbe, qui vient après le feuillet 82, est, ainsi que sa préface, compris dans la série des chiffres.

Voici la traduction du titre : *Eleltra tragedia. Glivbmir rappresentazione pastorale , e Amori di Piramo e Tisbe ; da molte straniere lingue in Illirico tradotte. Raccolta di diverse scielte rime , in morte di Raslizieh. Di Dominico Slatarich.* Venezia , presso Aldo.

✣ R. 1598. **Discorsi sopra Tito Livio di Antonio Cicarelli da Foligno.** *Ad instanza di Gio. Angelo Ruffinelli. In-4 , avec l'ancre aldine sur le titre.*

Il existe encore plusieurs autres volumes , imprimés à Rome vers ce même temps, avec l'ancre aldine sur le titre; mais comme ces livres sont tous de mince intérêt , et d'ailleurs tout à fait étrangers à la famille des Manuce, je m'abstiendrai d'en faire ici l'inutile nomenclature, et je ne ferai plus mention que d'un volume in-4, imprimé seulement en 1601 , mais dont Alde le jeune est l'auteur. Quant à ceux qui sortirent des presses de l'imprimerie vaticane, de 1590 à 1596 , on peut, ainsi que les Bibles de 1590 , 92, 93, les joindre à la collection aldine, par la raison que , dans ces années , Alde le jeune dirigeoit en quelque façon l'imprimerie vaticane.

✣ R. 1601. **Venticinque Discorsi politici sopra Livio della seconda guerra Cartaginese.** *Guglielmo Facciotto, in-8.*

ÉDITIONS SANS DATE.

✳ Musarum Panagyris per Aldum Mannuccium Bassianatem Latinum cum Hexasticho et Paraenesi eiusdem ad Albertum Pium magnificum atque inclytum Carpi principem. *In-4, sans date.*

On doit à M. Morelli la connoissance de cette pièce, qu'il a réimprimée en entier dans *Aldi scripta tria*, pag. 1 et suiv. Ouvrage d'Alde l'ancien, elle a nécessairement sa place parmi les éditions aldines, quoiqu'elle ait été exécutée dans une autre imprimerie; et comme il est évident qu'elle a vu le jour lorsque Alde étoit auprès des princes de Carpi, et que sa publication est antérieure à 1489, pour cette raison je la mets en tête de cette liste. Elle consiste en sept feuillets in-4 (*chartis vix septem comprehensa*); et M. Morelli la croit imprimée à Venise, *apud Antonium Moretum Brixiensem*. On en connoît deux exemplaires; l'un chez M. le marquis Tacconi à Naples, exemplaire communiqué à M. Morelli; l'autre dans la bibliothèque Quirini à Brescia. Je me trompe fort, ou M. Balbi de Venise en possédoit un exemplaire réuni à l'autre pièce d'Alde, *ad Leonellum Pium*, dont il sera question plus bas.

Musaeus. *Graece et latine. In-4.*

Il n'est pas inutile de noter ici que le deuxième feuillet du cahier latin, qui devroit être coté *b ij*, est coté *b*, le troisième *c*, le cinquième *v*, sans le mot *b*. Avec cette explication, on ne courra point le risque de transposer les feuillets latins dans leur intercalation avec les feuillets grecs. Les deux pages intérieures du feuillet *b vj* portent deux gravures en bois représentant Héro et Léandre.

✳ Galeomyomachia. *Graece. In-4.*

C'est ici le cas de faire amende honorable pour avoir témé-

rairement révoqué en doute l'existence de cette édition , qui à
la vérité est plus rare même que le fameux *Musaeus* , et qui
est certainement aussi l'un des premiers essais typographiques
d'Alde Manuce.

Ce précieux volume est imprimé avec le même grec que le
Musaeus , et se compose de dix feuillets non chiffrés , avec la
signature *a* , jusqu'à *a iiiii*. Il n'a point les grandes lettres fleu-
ronnées en bois qu'on voit dans le *Musaeus ;* ce qui seroit peut-
être un motif pour le croire d'impression antérieure. Le premier
feuillet est occupé, recto et verso, par une lettre ou préface
grecque, sans date, d'Aristobulé, l'éditeur. Le recto du feuillet
a ii contient les noms des acteurs et l'argument de l'ouvrage,
qui est une espèce de drame ; au verso commence le texte, qui
finit au recto du dernier feuillet, dont le verso est blanc.

Il en existe un bel exemplaire à Milan , chez M. le comte
Trivulzio, de la bienveillance de qui je tiens l'exacte description
qu'on vient de lire ; un deuxième dans la bibliothèque impériale à Vienne ; un autre dans la même ville, et faisant partie
de la précieuse collection de M. le chevalier d'Elci ; un quatrième chez lord Spencer, et enfin un cinquième dans le British
Museum.

✠ Aldi Manuccii Bassianatis Latini ad Leonellum
Pium Magnificū præstantiq; ingenio pue&: atq;
ad eos q boni eē cupiūt : sibiq; aditū : & ad virtu-
tem : & ad cœlum patere expeditissimum Paræ-
nesis. *In-4.*

Petite pièce de trois pages , en lettres rondes.

Alexandri Benedicti Pæantii Diaria de Bello Carolino. *In-4.*

68 feuillets , sans chiffres ni réclames , mais avec signatures.

Ce mince volume, imprimé en beaux caractères ronds , commence et finit par deux lettres ou dédicaces d'Alex. Bened. de
Vérone, *Alexander Benedictus Veronensis* , datées de Venise
1496. La première , qui occupe les pages 4 , 5 , 6 , est adressée

Aug. Barbadico, doge de Venise (*Venetorum principi*), *duo-decimo Kalendas Apriles;* et la deuxième, *Sebastiano Baduario* (1), *et Hieronymo Bernardo consiliariis Senatus Veneti, Sexto Cal. Septembres.* L'année de la publication de ce livre est déterminée par ces dates; et sa conformité avec *P. Bembi AEtna,* de 1495, in-4, prouve qu'il est de même sorti de l'imprimerie d'Alde. Il n'est pas moins rare que l'AEtna.

Dans le catalogue de M. le comte d'Ayala est ainsi annoncée une édition de cet ouvrage: *Constat libris* II *et foliis* 60 *non numeratis et sine registro*, in-4, Venetiis, apud Aldum, 1527. J'ai inutilement fait demander ce volume chez M. d'Ayala, on n'a pu le produire, non plus que six à huit autres éditions, annoncées avec importance comme inconnues, et qui néces-sairement le seront toujours.

Novae Academiae Lex. *Graece.*

Feuille in-fol., qui fut trouvée par M. G. Marini, collée dans l'intérieur de la couverture d'un *Etymologicum magnum*, 1499, de la bibliothèque Barberini. M. Morelli l'a publiée avec une version latine, dans *Aldi Pii Manutii Scripta tria*, 1806, in-8. M. Ciampi, de Florence, l'a donnée en italien, dans sa Notice sur Scip. Carteromaco, et on en trouvera la traduction françoise à la fin de ce supplément. Il n'a pas encore été décou-vert un second exemplaire de cette pièce, rédigée par Scip. Carteromaco, de concert avec Alde et Giovanni Gregoropulo.

Aldi Manutii Grammaticarum Institutionum libri IV. *In-8.*

Je n'ai point vu ce volume qu'annonce la *Serie;* ou plutôt je crois que ce n'est autre chose qu'une édition de cette Gram-maire, in-8, sans date, imprimée avec les singuliers carac-tères d'Aless. Paganini, et dont un exemplaire m'est venu parmi les éditions aldines du cardinal de Brienne. Ce volume, qui n'a point de frontispice, aura probablement été pris pour

(1) Sebastiano Badoero est le père de Fed. Badoero, fondateur de l'Academia Veneziana ou della Fama.

édition aldine, par les premiers auteurs de la *Serie*, qui, à ce que l'on sait, ont fait leur travail sur la collection de Brienne, dont ce volume faisoit partie.

Bernardini Georgii Epistola ad Octavium Stephanium de vita solitaria et tranquilla. *Venetiis*, (1537,) *in-4.*

Cette pièce ne m'est jamais tombée sous la main; je la crois écrite en 1537, au moins à en juger d'après deux autres opuscules du même auteur, imprimés, non point chez les Alde, mais par Giovanni Padoano, qui imprima divers livres pour Fed. Torresano, entre autres *Il Cortegiano*, 1538, in-8. Ces deux pièces ont chacune 8 feuillets, le huitième de la dernière est blanc. Voici leurs titres : 1°. * *Ber. Geor. selectæ* IIII. *Epistolæ. Aliquot item. eiusdem de sacro sancto Pavlo* III. *Max. Pont. Elogia.* Avec la date de 1538, aux quatre lettres ou épîtres contenues en ces feuilles ; 2°. * *De Pavlo* III. *Max. Rom. Pont. B. G. P. V. Opvscvla.* Ce sont des vers latins, datés de 1538, et à la fin *Epistola Petro Alvisio Farnesio Navariæ principi*, aussi de 1538. Il est plus que vraisemblable que ces trois bagatelles ont été publiées par Federico Torresano, et pour cette raison elles appartiennent à la collection aldine.

✣ Benvenvti Stracchae de mercatvra, sev mercatore Tractatvs. *In-8.*

Imprimé en petites lettres rondes. L'ancre du titre est celle des fils d'Alde, qu'employa Paul Manuce de 1546 à 1554. Ce volume est rare.

Une notice de 16 pages, imprimée à Milan il y a quelques années, et contenant la description de dix-neuf éditions aldines, annonce ce livre avec la date de 1553. Il est possible que l'exemplaire décrit dans cette notice porte une date, mais ceux que j'ai vus n'en ont ni sur le titre ni dans aucun autre endroit du volume.

✣ Predica dei sogni composta per lo reverendo

patré D. Hypneo da Schio. (*Nom supposé de Dan. Barbaro.*) *In-8.*

Ce rare opuscule consiste en 16 feuillets non chiffrés. Au verso du frontispice est une dédicace de l'auteur, *alla honestissima et virtuosissima madonna Giulia Feretta*, et sur le dernier feuillet sont deux sonnets. Quoique ce petit volume soit sans date et sans nom d'imprimeur, sa conformité avec *Leone Dialogi*, de 1541, et plusieurs autres éditions aldines de ces temps-là, prouve qu'il sort de cette imprimerie. Le même ouvrage a encore été imprimé à Venise chez Marcolini, 1542, in-8, et les deux éditions paroissent avoir été faites à peu près dans le même temps.

✣ Orthographiae Aldi Mannuccii Pavlli F. Aldi N. Compendiolvm vt puerilibus scholis usui esse possit, confectum : vna cum virorum doctissimorum annotationibus. *In-8.*

3o pag. in-8, suivies d'un feuillet blanc. Sur le dernier feuillet sont deux alphabets, l'un en grec, et l'autre en hébreu. Ce petit volume, jusqu'à présent inconnu, m'a été communiqué à Venise par le savant et très obligeant M. Morelli. Quoiqu'on n'y voye ni marque ni nom d'imprimeur, son exécution, et le nom de son auteur, ne permettent point de douter que ce livre ne soit d'impression aldine.

✣ Aldo Mannuccio Illustratione di un lapide di Gordiano, dissotterrato nella città di Vicenza. *In-4.*

Opuscule d'Alde le jeune, imprimé avec les caractères et les ornements en bois employés dans le volume in-4, *Rime di Savino de Bobali Sordo*, Venetia, Aldo, 1589, in-4; ce qui peut le faire regarder comme imprimé vers le même temps. Je ne l'ai point vu, et j'en dois la connoissance à l'amitié de M. Gamba, de Venise.

Dans le second volume de *Anecdota litteraria e mss. codicibus eruta*, publiés par Bianconi, Romæ, 1773, in-8, a paru pour la première fois un petit traité d'Alde le jeune, *De Statuis, deque earum antiquitate et usu*, avec une préface du P. Amaduzzi. Dans cet opuscule, qui n'est que de 33 pages; huit sont employées à raconter très sérieusement la bizarre et ridicule aventure de Combabus, déjà connue des François par le conte passablement graveleux de Dorat, dont la date est de 1765; ce qui prouve que l'historiette n'est pas ici publiée pour la première fois. Ce dont le poète françois se moque avec raison, l'auteur latin le trouve très édifiant, et digne d'être célébré. *Hæc dixit rex, et ingenui Combabi fidem omnibus notam fecit.* Ainsi finit cette étrange narration.

Il y a quelques années, on a parlé à Milan d'un volume jusqu'alors inconnu, imprimé par Alde à la fin du quinzième siècle, et dont le titre auroit été, autant qu'il m'en souvienne, *Iconographia* ou *Iconologia.* Comme depuis il n'a plus été question de ce volume, il est assez probable que cette découverte est aussi réelle que celle d'un grand nombre de comédies de Ménandre, dans la bibliothèque des religieux du Mont-Athos, dont l'annonce, qui en a été faite l'année dernière dans un ou plusieurs journaux, est très vraisemblablement tout ce qu'on en verra jamais. Au reste, si quelque personne a des renseignements à me transmettre sur ce volume, je les recevrai avec grande reconnoissance, ainsi que tous autres éclaircissements ou rectifications tendant à améliorer mon travail.

ÉDITIONS PUBLIÉES A PARIS,

PAR BERNARD TURRISAN (1),

Et après lui par d'autres libraires ou imprimeurs de la même ville qui employèrent l'ancre aldine.

1557. Fr. Vergarae Grammatica graeca. *Bern. Turrisanus , in aldina bibliotheca. In-8.*

Selon le catalogue Ayala , ce livre est oublié dans mes Annales, où cependant on le trouve tom. 11, pag. 188, occupant onze lignes entières.

✢ 1557. Antiquitatum romanarum Pauli Manutii liber de Legibus. *Apud Bernardum Turrisanum, in aldina bibliotheca. In-8.*

Cette réimpression , faite sur la première édition d'Alde , 1557, in-fol. , n'a point les légères augmentations qu'on trouve dans les éditions suivantes.

Vingt personnes et plus ont bien voulu m'indiquer l'existence de cette édition , qui de fait n'est point du tout rare , et que je suis d'autant plus impardonnable d'avoir oubliée dans mes Annales , que j'en avois alors , et depuis long-temps , trois exemplaires , dont deux à vendre , que je crois bien avoir encore.

✢ 1562. Gabrielis Fallopii Medici Mutinensis Ob-

___

(1) Dans le tome 11 des Annales, pag. 185 , j'ai cité de mémoire l'Apologie pour Hérodote, à l'occasion d'une anecdote sur Bernard Turrisan. J'ai depuis vérifié que cette plaisanterie est racontée par Brantôme , *Dames galantes,* tom. 11, pag. 64, édition de 1740.

servationes anatomicae. *Apud Bernardum Turrisanum , in aldina bibliotheca. In-8.*

✠ 1564. De Catarrho Commentarius, authore Leonardo Dolallo. *Apud Bernardum Turrisanum , in aldina bibliotheca. In-8.*

✠ 1565 — 66. M. T. Ciceronis Opera omnia, a Dionysio Lambino ex cod. mss. emendata et aucta, cum notis et indicibus. *Apud Bernardum Turrisanum , in aldina bibliotheca. 4 vol. in-fol.*

Avec l'ancre et le mot *Aldus* sur les frontispices , ainsi qu'on le voit sur les autres éditions de B. Turrisan. A la fin du quatrième volume on lit : *Lutetiæ excudebat Floricus Prevotius* (Fleury Prévost), *anno* 1566, *mense februario , sumptibus Iac. a Puteo, Bern. Turrisani , Ph. Galt. Rovillii.* L'édition ayant été faite aux frais de trois libraires , chacun aura mis son nom et sa marque sur sa portion d'exemplaires : aussi l'on en rencontre au seul nom de Dupuys , sans l'ancre aldine , et probablement d'autres aussi au nom seul de Ph. G. Rouille.

Cette édition est bien imprimée, et même assez rare, surtout en grand papier. Les exemplaires n'en sont néanmoins ni chers , ni fort recherchés , parce qu'on reproche à D. Lambin, son éditeur , d'avoir été parfois un peu téméraire dans ses corrections. Une réimpression , faite en 1573, aussi in-fol. , est plus châtiée pour le texte , et par conséquent préférable ; elle ne sort cependant point de la classe des livres ordinaires et de peu de prix ; et elle est d'ailleurs totalement étrangère à la collection aldine ainsi qu'à Bernard Turrisan , qui étoit retourné à Venise avant 1573.

✠ 1566. In omnes Divi Pauli et alias septem canonicas Epistolas Catharini Politi Commentaria. *Apud Bern. Turrisanum , sub aldina bibliotheca. In-fol.*

Volume fort rare , mais de peu d'intérêt.

✠ 1569. Histoire generalle des Indes occidentales

et terres neuves qui jusques à present ont esté
découvertes , trad. en françois par M. Fumée ,
prieur de Marly le Chastel. *Bernard Turrisan ,
à la boutique d'Alde. In-8.*

Cet ouvrage est traduit du castillan , de Francisco Lopez de
Gomara. La date de son impression recule d'un an l'époque à
laquelle Bernard Turrisan a probablement quitté la France.

✠ 1581. M. Antonii Mureti ad Leonardum Moce-
nicum , Orationum Ciceronis in Catilinam Interpretatio. *Apud Robertum Coulombel , in aldina
bibliotheca. In-8.*

1590. De regio Persarum principatu libri tres. Ex
adversariis V. C. B. B. S. P. P. (Viri clarissimi
Barnabae Brissoni Senatus Parisiensis præsidis).
*Apud Robertum Columbellum , in aldina biblio-
theca. In-8.*

J'ai annoncé ce livre avec deux dates , 1591 sur le titre , et
1590 à la fin. Il y a des exemplaires dont le titre est aussi daté
de 1590. Quant à une édition de 1595 , citée dans le catalogue
Ayala , j'ai fait vérifier sur l'exemplaire que c'étoit une erreur
du catalogue.

1601. Censura animi ingrati Lucubratio Caroli
Paschalii, etc. *Apud Robertum Columbellum , in aldina bibliotheca. In-8.*

Si c'est encore une méprise dans le catalogue Ayala d'avoir
signalé ce livre comme oublié dans mes Annales , la méprise
est un peu forte , et du genre de celles de la première édition
du Dictionnaire bibliographique de M. F. , sur plusieurs omissions qu'on m'y reprochoit à tout aussi juste titre. J'ai annoncé
ce livre fort au long dans le tom. ii, pag. 190.

.Le même Charles Paschal, ayant publié plusieurs autres ouvrages qui ont été imprimés à Paris vers le même temps , il est présumable que quelques-uns d'entre eux auront paru chez le même Coulombel, et aussi avec l'enseigne *In aldina bibliotheca*.

On trouve encore, en 1623 , *Moyens légitimes pour parvenir à la faveur, ou le Réveille-matin des courtisans* , trad. de l'espagnol de dom Ant. de Guevarre , par Sébastien Hardy. Paris, de l'imprimerie de Rob. Estienne , pour Henry Sara , à l'enseigne de l'Alde , (*mais sans l'ancre aldine*,) in-8.

LIVRES

IMPRIMÉS A VENISE

POUR L'ACCADEMIA VENEZIANA,

Par les soins de PAUL MANUCE, *et avec ses caractères.*

DEPUIS la publication de mes Annales, j'ai reconnu que j'y avois omis un certain nombre de livres imprimés pour l'*Accademia Veneziana*, ou *della Fama*; je me suis procuré de plus exacts renseignements sur plusieurs autres, j'en ai mieux examiné quelques-uns; et de ces différentes recherches il est résulté que de toutes les parties de mon ouvrage, la notice des éditions de cette Académie devenoit celle qui laissoit le plus à desirer. Ce ne sera donc pas un supplément que je donnerai ici, mais une nouvelle liste plus raisonnée, bien plus complète, peut-être même absolument complète; ce qui, je demande la permission de le dire, ne seroit pas une petite recommandation pour des notices de ce genre. C'est aussi parce que cette liste présente tout l'ensemble des éditions de l'Académie, que j'ai cru convenable de la donner à part, au lieu de la confondre dans la série des éditions aldines de 1558 et 1559, comme je l'avois fait dans les Annales.

Deux ans avant l'impression de mon ouvrage, en 1801, M. Lunze, à Leipsic, avoit publié : *Academia Veneta, seu della Fama, in disquisitionem vocata.* Cet écrit, que je n'ai connu qu'à la fin de 1803, par l'envoi que l'auteur a bien voulu m'en faire, contient beaucoup de détails qu'on aime à y trouver ; mais M. L. n'a pas assez eu l'occasion de voir les livres qui font le sujet de ses notices, de façon qu'avec beaucoup de travail il n'a pas toujours eu la satisfaction de pouvoir donner des renseignements complets, ou au moins suffisants.

Une dissertation du P. Domen. Maria Pellegrini, ci-devant gardien de la bibliothèque des Dominicains *alle Zattere*, de Venise, fait mention d'un volume très intéressant pour l'histoire de l'Accademia Veneziana, et légué aux Dominicains par le savant Apostolo Zeno (1). Ce précieux volume, dont la notice m'avoit été communiquée plusieurs années auparavant par l'estimable M. Gamba, de Venise, et que j'ai attentivement examiné pendant mon séjour dans

____

(1) On lit dans Foscarini, pag. 57 : « Le scritture concernenti l'istituzione, e regole dell'Accademia della Fama, benchè stampate, si sono rese rarissime : si conservano però in gran parte appresso del Sig. Apostolo Zeno. »

Et plus bas, pag. 80 : « Tutti i bellissimi istituti e le leggi dell'Accademia, si trovano descritti in tanti fogli separati, dati fuori conforme all'occasione ne' primi principii della stessa. È assai difficile il rinvenirli. Tuttavia il Sig. Apostolo Zeno, felice raccoglitore de' libri più rari, ha saputo ritrovarli, ed unirli insieme in gran parte. »

cette ville, est un recueil de trente-cinq pièces imprimées pour l'Académie. Les six premières étant des
écrits déjà suffisamment connus, quoique fort rares,
le P. Pellegrini n'en fait pas mention. Le septième
est le Catalogue latin des projets d'éditions de cette
Académie, projets véritablement gigantesques, et
que six générations entières de savants n'auroient pu
réaliser. Après d'assez amples détails sur l'Accademia
Veneziana, et même sur l'Académie d'Alde, le P. Pellegrini imprime tout au long ce Catalogue, *Summa
librorum quos in lucem emittet Academia Veneta, etc.*;
pièce rare, il est vrai, mais pas assez introuvable
cependant, pour mériter d'être réimprimée en
entier.

Il donne ensuite les titres de vingt-six de ces
pièces, et en réimprime trois : *Supplica dell' Accademia, Privilegio del Senato*, et *Instrumento di depu-
tazione, fatto da M. Fed. Badoero, etc.* Cette dernière est l'une des plus intéressantes du recueil, en
ce qu'elle contient le plan immense de cette Académie, tracé par son fondateur Fed. Badoero, qui,
à ce qu'il paroît, avoit dans les idées bien plus de
grandeur que de justesse. Des pièces dont le P. Pellegrini ne donne que le titre, on peut encore ex-
traire plus d'une particularité curieuse, ce que j'ai
essayé de faire, mais le plus brièvement possible,
à la suite de chaque intitulé.

Les comptes d'imprimerie, fournis par Paul Manuce et deux autres imprimeurs de l'Académie,
font connoître le nombre auquel les divers ouvrages

furent tirés. Quoique ce nombre ne fasse rien pour leur rareté actuelle, qui dépend de mille et mille causes ultérieures, je ne négligerai cependant point cette indication; et mes diverses notes sur toutes ces pièces seront faites avec autant de certitude que si j'en possédois un exemplaire imprimé, parce que j'en ai obtenu d'exactes copies, tant à Venise, par les soins obligeants de M. l'abbé Mauro Boni, qu'à Milan, par la bienveillance de M. le comte Trivulzio, qui possède aussi un exemplaire de ces pièces, à peu près semblable à celui des Dominicains, et venant de la bibliothèque Mocenigo, de Venise.

Le 31 mai 1560, l'Accademia Veneziana fut chargée, par le conseil des Dix, de l'impression des loix, ordonnances et autres actes du Gouvernement venitien. Pendant cette année et la suivante elle a sans doute imprimé un certain nombre de ces pièces, qui, pour la plupart, doivent être des feuilles volantes de 4, 6 ou 8 pages. M. le comte Trivulzio a bien voulu me donner la notice de trois de ces imprimés, qui lui viennent aussi de la bibliothèque Mocenigo; et il est très probable qu'il en existe encore d'autres dans les anciennes bibliothèques d'Italie.

<hr>

Somma delle Opere che in tvtte le scienze et arti piv nobili, et in varie lingve, ha da mandare in lvce l'Academia Venetiana, parte nvove, et

non piv stampate, parte con fedelissime tradot-
tioni, giudiciose correttioni, et utilissime an-
notationi riformate. *Nell' Academia Venetiana*,
M. D. LVIII. *In fol.*

3r feuillets non chiffrés et un blanc.

Dans mes Annales, page 3r2, j'avois, sur une des autorités
les plus respectables en histoire littéraire et en bibliographie,
celle d'Apostolo Zeno, j'avois, dis-je, annoncé l'édition latine
(*Summa librorum*) de ce catalogue des projets littéraires de
l'*Academia Veneziana*, comme une traduction très augmentée
de l'italien. Le P. Pellegrini, dans la Dissertation dont je viens de
parler, a grand soin d'établir, aussi d'après Zeno « *che il latino
più raro dell' italiano è il genuino ed autentico, nè uno dee
confondersi coll' altro, come se il latino e l' italiano fosser la
stessa cosa.* » Foscarini, *la Serie,* et M. Lunze tiennent à peu
près le même langage. Tous se sont trompés, parce qu'ils n'ont
pas vu le livre. Ils le nomment tous *Sommario,* tandis que dans
le catalogue Pinelli on le nomme avec exactitude *Somma,* etc. J'ai
enfin pu me procurer cet original italien si mal connu, et bien plus
rare encore que la traduction latine ; une attentive confrontation
m'a fait reconnoître qu'à une dizaine de lignes près, l'un n'est
que la version de l'autre. Titre, préface, division, tout est de la
conformité la plus complète. Rien de moins important sans doute
qu'une telle vérification ; mais combien de récits historiques allé-
gués, discutés, appuyés des plus respectables autorités, comme
l'étoit celui-ci, deviennent pour les siècles des vérités incontes-
tables, comme ce prétendu fait l'a été jusqu'à ce jour aux yeux
de tous les bibliographes, et gens s'occupant de bibliographie !

Ce mince volume a été tiré seulement à 4oo exemplaires,
nombre inférieur à celui de toutes les autres éditions de l'Accademia Veneziana, hormis de petits catalogues qu'on ne connoît plus
que par les comptes d'impression de Paul Manuce ; et il est très
présumable que, quoique cette brochure ne soit pas un simple
catalogue bibliopolique, la plupart des exemplaires n'auront pas
échappé à la destruction, sort ordinaire des catalogues après
qu'on en a fait lecture.

Summa librorvm qvos in omnibvs scientiis et no-
bilioribvs artibvs, variis lingvis conscriptos, vel
antea nvnqvam divvlgatos, vel vtilissimis, et
pvlcherrimis scholiis, correctionibvsqve illvstra-
tos, in lvcem emittet Academia Veneta. *In Academia Veneta*, M. D. LIX. *in*-4. (Tiré à 1100 exemplaires.)

39 feuillets chiffrés, suivis d'un feuillet blanc, et précédés
de 4 autres, contenant le titre et la préface au nom de l'Académie,
adressée à la noblesse vénitienne, et au doge Laur. Priolo, simplement désigné par sa qualité, dans l'édition italienne, mais
nommé dans la traduction latine. Cette préface fort curieuse est
rapportée en grande partie dans les Annales, t. 1, p. 313.

Il a été tiré de ce volume douze exemplaires en grand papier,
ainsi qu'on le voit par les comptes de Paul Manuce : *Per carta
grande per far dodici some de l'opere latine.*

P. Manuce, dans une lettre du 2 juillet 1558, conservée dans
le Recueil Zeno, dit à l'Académie : « Dovendosi dar principio
allo stampare l' Indice, mando prima a V. Eccellentiss. tre
mostre di caratteri, l' una per foglio, l' altra per quarto, la
terza per ottavo...... Il carattere maggiore è quello che honorò
molto le stampe di mio padre. Quel di ottavo ho fatto intagliar
da un' anno in qua. Il mezzano ho fatto venir di Franza, e sono
tutti i più eccelenti nel suo genere. »

C'est donc avec nos beaux caractères françois de Garamond,
que Paul Manuce a fait plusieurs de ses belles éditions in-4, tant
pour l'Académie que pour son compte personnel.

✣ Indice volgare. *In-fol. piccolo.*

Deux feuilles, tirées à 300 exemplaires. Pièce connue par les
comptes déja cités, qui font encore mention de deux autres
petits catalogues du même genre.

✣ Indice piccolo latino.

✣ Indice de' libri mandati a Francfort.

Ce dernier est cité par Foscarini qui paroît l'avoir vu, car il en donne le titre : *Opere, che in diverse scienze ed arti, ha nuovamente l'Academia Venetiana inviate alla Fiera di Francfort;* et il rapporte une note de ce livre annonçant un Commentaire d'Alciat qu'effectivement l'Académie publia en 1559.

La modicité de la somme portée en dépense pour ces deux objets, prouve que ces pièces étoient peu de chose, et qu'il n'en fut tiré qu'un très petit nombre d'exemplaires.

De Dei locvtione Marci Antonii Nattae Astensis Oratio. *In Academia Veneta,* M. D. LVIII. *in-4.* (825 exemplaires.)

Une préface de 4 pages adressée par l'Académie *Card. Alexandrino, Academiæ Venetæ patrono.*

Cette préface, dont l'auteur est Paul Manuce qui l'a insérée dans son Recueil de Lettres et Préfaces, imprimé dans cette même année, semble désigner cette pièce comme le premier ouvrage publié par ce nouvel établissement littéraire. *Apparantur quotidie summa cura, et edentur a nobis divina doctrina referti, qui pietatem, ac religionem complectantur, illustres libri ; et interim, quasi specimen quoddam..... egregia quædam de locutione Dei..... piis mentibus..... communicanda censuimus.*

✙ Hieronymi Bvtigellae Papiensis eqvitis, et V. I. D. clarissimi, in primam partem C. commentaria, ac repetitiones, ex libro ipsivs avctoris manvscripto, maxima fide, et diligentia excepta. Additis svmmariis, ac copiosissimo repertorio, nunc primum in lucem edita. *In Academia Veneta,* M. D. LVIII. *in-fol.* (1100 exemplaires.)

76 feuillets imprimés à 2 colonnes, un blanc, 17 de table, et un blanc : au commencement deux feuillets pour le titre et la préface des *Iurisconsulti Academiæ Venetæ, Emanueli Philiberto, Sabaudiæ Duci.*

Fort rare et presque inconnu, malgré le nombre assez considérable qui en fut tiré. C'est peut être plus à la destruction qu'à l'usage, que ce livre, très peu intéressant aujourd'hui, doit sa grande rareté.

Historia delle cose occorse nel regno d'Inghilterra, in materia del duca di Notomberlan dopo la morte di Odoardo vi. *Nell' Academia Venetiana*, M. D. LVIII. *in*-8. (1100 exemplaires.)

60 feuillets cotés de 9 à 68., au commencement 3 feuillets suivis d'un blanc, et contenant le titre avec une préface de Luca Contile, l'un des académiciens, à madame Marguerite d'Autriche.

Ghilini et Tiraboschi attribuent cet ouvrage à Luca Contile, sans doute parce qu'il en a fait la préface; mais, dans cette préface, je ne vois rien qui puisse appuyer une telle conjecture; Contile y parle, au contraire, comme ne pourroit décemment s'exprimer un auteur... *Quelle prime opere non di molto volume, ma si bene d'alto et utilissimo senso, etc.* Et pas un mot qui fasse envisager cette histoire autrement que comme un de ces ouvrages inédits que l'Académie avoit résolu de mettre en lumière; de sorte que le nom de l'auteur reste véritablement encore inconnu.

Le commencement de cette préface mérite d'être cité pour ses éloges de Fed. Badoero et de l'Académie. « Il Clariss. Sig. Federico Badoero, in ogni sorte di virtù veramente a niuno inferiore, con maraviglioso giudicio, et con prudentissima solecitudine, anzi spirato di Dio, ha fondata la nobile et eccellente Academia Venetiana, in tutte le scienze et arti ripiena d'uomini d'alto saper, etc. »

Ce volume, quoique ayant été tiré à 1100 exemplaires, est devenu fort rare.

Pavli Manvtii Epistolae, et Praefationes qvae dicvntvr. *In Academia Veneta*, M. D. LVIII. *in*-8. (1700 exemplaires.)

143 feuillets, cotés de 6 à 148, et 12 au commencement.

C'est la première édition des élégantes lettres et préfaces de
Paul Manuce, si souvent réimprimées depuis ; elle ne contient
que les lettres qui, dans les éditions suivantes, forment les trois
premiers livres, et un petit nombre de préfaces.

Ces lettres n'ont pas été réimprimées sans altération. Dès la
deuxième édition faite en 1560, le nom de Flaminius disparoît
d'une lettre adressée *Stephano Saulio, fol.* 4. Dans des éditions
ultérieures, d'autres noms ont été supprimés ou remplacés. On
a prétendu que ces changements avoient été prescrits par l'autorité ; je crois bien plutôt qu'ils n'avoient d'autre cause que les
refroidissements ou les brouilleries survenues entre P. Manuce et
les personnes qu'il privoit ainsi de l'honneur de figurer dans le
recueil de sa correspondance. Au reste, comme on ne lit guère
ces lettres que pour leur style, ces légères variations ne sont
d'aucune importance, et ne méritent pas d'être conférées.

La préface de Paul Manuce est adressée *ad Albericum Cibo,
Malaspinam, Massæ et Carrariæ principem.* Il dit qu'il n'auroit jamais songé à imprimer le Recueil de ses lettres et préfaces,
*nisi Academiæ Venetæ suadentis atque etiam petentis movisset
auctoritas.*

De Legato Pontificio. Leonis Baptistae Alberti Tri-
via Senatoria. *In Academia Veneta*, M. D. LVIII.
in-4. (825 exemplaires.)

4 feuillets pour le titre et la préface de Raffaele Cillenio, l'un
des académiciens, à Antoine Perenot, évêque d'Arras, depuis
cardinal de Granvelle ; pour le texte, 19 feuillets, chiffrés jusqu'à 20, parce que le troisième n'y est pas ; plus un blanc avec
la date.

Le catalogue Barberini, et d'après lui, M. L. pag. 108,
indiquent ce livre deux fois, de 1558 et de 1559 : est-ce simplement une erreur, ou sont-ce deux éditions différentes ? La
préface de Raff. Cillenio prouve qu'il n'est que l'éditeur du
premier traité, dont l'auteur n'est pas connu. L'opuscule *Tri-
via senatoria*, qui est aussi peu de chose pour le fonds que
pour l'étendue, commence au folio 16.

✠ Ordine de cavalieri del Tosone. *Nell' Academia Venetiana*, M. D. LVIII. *in-*4. (825 exemplaires.)

Un feuillet pour le titre, deux pour la préface, et un blanc; ensuite l'ouvrage sur 18 feuillets chiffrés.

Si M. L. eût vu ce volume, il auroit en deux minutes aperçu, et en deux mots il auroit appris à ses lecteurs que Francesco Sansovino, qui a signé la préface de cet opuscule, en est aussi l'auteur. Il se seroit épargné vingt lignes dans lesquelles il cite Niceron, Zeno, Foscarini, le catalogue Pinelli, Veesenmeyer, sans cependant pouvoir nettement conclure; car Foscarini, dans le passage cité, dit bien que la préface en question est adressée à Fr. de Médicis, qu'elle est signée Fr. Sansovino; mais il ne dit pas que Sansovino soit l'auteur de l'ouvrage. La difficulté étoit, dira-t-on, d'avoir sous les yeux ce livre qui est fort rare. Mais à quoi sert la bibliographie quand elle n'est qu'hypothétique? Cette science, de toutes les sciences positives la plus subalterne, à quoi se réduisent le mérite et l'utilité de ses instructions, quand il n'en résulte pas des renseignements clairs, énoncés avec précision, et exempts de toute incertitude?

De Miseria hvmana, Petri Haedi Portvnaensis libri qvinqve. *In Academia Veneta*, M. D. LVIII. *in-*4. (825 exemplaires.)

64 feuillets, et en tête un pour le titre, dont la petite gravure de la Renommée n'est plus la même que dans les précédents volumes, quoique représentant le même sujet; deux feuillets pour la préface au cardinal Hippolyte d'Est, signée *Humanarum litterarum in Academia Veneta professores*; et un quatrième feuillet blanc.

Dans toutes ces épîtres ou préfaces on ne manque pas de préconiser Feder. Badoero, le fondateur de l'Académie.

Cet ouvrage, élégamment écrit, est en forme de dialogues entre deux interlocuteurs, AEmilianus et Ant. Pæonius, de Reggio, à qui l'auteur s'adresse, dans une courte préface ou introduction, par laquelle il commence le premier livre. C'est une sorte d'imitation des Tusculanes de Cicéron. P. Hædus, natif de Pordenone, bourg du Frioul, qui a donné son nom à un fameux peintre, est encore auteur de *De Amoris generibus*, *Tarvisii*, 1492, in-4; espèce de déclamation dialoguée contre l'amour, que C. Agrippa a crue au contraire un recueil de préceptes amoureux.

Syriani antiqvissimi interpretis in II. XII. et XIII. Aristotelis libros metaphysices Commentarius, a Hieronymo Bagolino, praestantissimo philosopho, latinitate donatvs. *In Academia Veneta*, M. D. LVIII. *in-4*. (1100 exemplaires.)

123 feuillets, dont le dernier est par erreur coté 132, trois au commencement, suivis d'un blanc, et contenant le titre avec une préface fort curieuse de l'Académie, *ad Ioannem Iacobvm Fvccarvm*, *Baronem Weissenhorem Kirchberg Phirt* (Fugger, baron de Weissenhorn), dans laquelle il est encore parlé des projets étendus de l'Académie, pour la publication de quantité de bons ouvrages inédits.

Progne Tragoedia, nvnc primvm edita. *In Academia Veneta*, M. D. LVIII. *in-4*. (825 exemplaires.)

27 feuillets; à la fin un blanc, et au commencement 6, contenant le titre, la préface de l'éditeur, l'argument et la liste des personnages.

Cette tragédie, en vers latins, fut publiée sans nom d'auteur, et dédiée à Fr. Vargas, ambassadeur du roi d'Espagne auprès de la République de Venise, par Giovanni Ricci, qui paroît n'avoir point connu le nom de son auteur. On a su depuis qu'elle étoit l'ouvrage de Gregorio Corraro, Vénitien, neveu du pape Grégoire XII, et mort à Venise en 1464. Lodovico Domenichi, trois ans après l'impression de cette pièce, publia une tragédie en italien, sous le même titre, *Progne*, imprimée à Florence chez les Giunti, 1561, in-8, qu'il donna comme son ouvrage, mais qui n'est que la traduction de la tragédie latine,

fort élégante et peu connue. Voyez Zeno sur Fontanini, tom. I,
pag. 493.

Discorso intorno alle cose della gverra, con vna
Oratione della pace. *Nell' Academia Venetiana*,
M. D. LVIII. *in-4.* (1250 exemplaires.)

Le titre, deux feuillets contenant la préface d'Antonio Girardi D. Academico Venetiano, à Alphonse d'Est, prince de
Ferrare ; un feuillet blanc. *Il Discorso di Guerra* occupe
28 feuillets chiffrés; et 22 autres, cotés de 1 à 22, contiennent
Oratione del Cardinal Polo in materia di pace, a Carlo Quinto.

On ne connoît pas l'auteur du premier morceau, *Il Discorso
di Guerra.* Il fut écrit à l'occasion de la guerre que Henri II,
roi de France, vouloit faire à Charles-Quint. Les comptes de
P. Manuce apprennent que cette pièce fut traduite de l'allemand
en italien par Pietro Fiamengo, correcteur chez l'imprimeur
Valgrisio, et qu'il lui fut payé 10 écus (*scudi*) pour cette traduction. Quant au Discours du cardinal Polo, il est de l'année 1554,
lorsque ce Cardinal fut envoyé comme légat du pape Jules III,
pour exhorter à la paix le roi Henri II et l'empereur Charles-
Quint.

I Diece Circoli dell' Imperio, Con l' entrate de Prencipi, et de gli stati della Germania, Con le con-
tributioni, si della Caualleria, come della Fante-
ria, Con una particolar descrittione della Republica di Norimbergo. Le Rinuncie de gli stati
patrimoniali fatte da Carlo V Imperatore al Sereniss. suo figliuolo. Et il gouerno dell' Imperio
lasciato al Sereniss. suo fratello. *Nell' Academia
Venetiana*, M. D. LVIII. *in-4.*

39 feuillets, un blanc à la fin; au commencement trois
feuillets, suivi d'un blanc, contenant le titre avec une préface de l'auteur, *Valerio Faenzi, Academico Veneto*, à Pietro
Lando, archevêque de Candie. L'exemplaire sur lequel M. L.

a donné sa description manquoit des feuillets de titre et de préface.

Le Institvtioni dell'Imperio contenvte nella Bolla doro, nuouamente dalla latina nella uolgar lingua tradotte. *Nell' Academia Venetiana*, M. D. LIX *sur le titre, et à la fin* M. D. LVIII, *in-4.*

55 feuillets chiffrés et un blanc; au commencement quatre dont le dernier est blanc.

Par une méprise des imprimeurs, il n'y a point de feuillets chiffrés 9, 10, 11, 12, et les feuillets 45 à 48 y sont deux fois; mais il n'en résulte aucune imperfection.

La préface à Charles, archiduc d'Autriche, est signée *Gli Academici Venetiani*, et apprend que Luca Contile est auteur de cette traduction.

Après la *Bolla d'oro*, qui finit au folio 46, est un petit traité sur les électeurs : *Come, e qvando furono ordinati gli Elettori dell' Imperio*. L'auteur n'y est pas nommé, mais il est probable que c'est le même L. Contile.

On trouve ce volume annoncé tantôt de 1558, et tantôt de 1559, ce qui a fait croire à quelques-uns qu'il pourroit bien y en avoir eu deux éditions. Il me semble que la double date de 1558 sur le titre et 1559 à la fin, concilie tout, et fait voir la cause de cette double annonce.

Ce mince volume et les deux précédents sont peu connus et rares : leur analogie permet de les relier ensemble, et surtout les deux derniers.

✢ Discorsi del Veniero sopra l'Etica.

Je n'ai jamais rencontré ce livre, et je ne le vois mentionné nulle part ailleurs que dans les comptes de Paul Manuce, où il est porté comme formant six feuilles, tirées à 825 exemplaires, sans indication du format, que je présume être in-4.

Ce Veniero n'est sans doute point Lorenzo. Il n'est pas probable que l'auteur des poésies licencieuses, la *Zaffetta* et la *P. errante*, ait aussi écrit des discours sur la morale. On peut plus raisonnablement croire cet ouvrage de Domenico, l'un deses trois frères, plus connu que les deux autres, Girolamo et Francesco, et membre de l'Accademia Veneziana.

Debure, en annonçant la P. errante, édit. de 1531, Bibliogr. n° 3954, confond Maffeo Venieri avec son père Lorenzo, ce qu'il lui eût été bien facile d'éviter s'il eût seulement pris la peine d'ouvrir Fontanini, édition de 1756; il y auroit aussi trouvé que dans l'édition de Lucerne, 1651, qu'il indique purement et simplement sous le n° 3955, on attribue effectivement ces poésies licencieuses à l'archevêque Maffeo; qu'on a même ajouté à ce volume une méchante gravure étant soi-disant son portrait, le tout sans doute pour se donner l'innocent plaisir de diffamer un ministre de l'église romaine.

Je trouve encore dans les comptes de P. Manuce *per trascrivere i Consegli d'Alessandro dal Nievo, scudi* 3. Il n'est pas fait mention de l'impression de cet ouvrage qui probablement n'aura pas été publié. Il y est encore question de la traduction italienne d'un ouvrage nommé dans un compte *la Cosa de Sguizzeri*, et dans une lettre à l'Académie, *la Militia de Sguizzeri;* il paroît qu'on ne l'aura point imprimé.

✤ Explanatio libri 1. Physicorvm Aristotelis. Ex Lvdovici Bvccaferreae, philosophi praestantissimi, lectionibvs excepta. *In Academia Veneta,* M. D. LVIII. *in-fol.* (825 exemplaires.)

134 feuillets, et 4 au commencement, dont le dernier blanc. La préface, signée *Philosophi Academiæ Venetæ,* est adressée au cardinal Gonzaga. Ce livre annoncé par M. L. sous la date de 1559, porte bien réellement l'année 1558 et sur le titre et sur le dernier feuillet.

✤ Nova Explanatio Topicorvm Aristotelis. *In Academia Veneta,* M. D. LIX. *in-fol.* (1100 exemplaires.)

129 feuillets et 2 au commencement contenant le titre et une préface adressée au card. Othon Truchses, signée *Logicæ doctrinæ professores in Academia Veneta.*

Ces professeurs paroissent être les auteurs de cet ouvrage,

car dans la préface ils disent : « Accipe studii nostri, atque
observantiæ signum, hanc topicæ Aristotelis doctrinæ explana-
tionem. » Il se pourroit néanmoins qu'il fût de Boccadiferro
(Buccaferrea), auteur du précédent Commentaire, *in lib.* i
physicorum. M. L. cite Veesenmeyer qui rapporte avoir vu le
nom *Buccaferreae* écrit sur son exemplaire ; preuve qui, à mon
avis, n'est rien moins que suffisante.

Ce volume est fort bien imprimé, et l'un des plus rares des
Commentaires latins sur Aristote.

✣ Federici Delphini, Mathematici praestantissimi,
    de Flvxv et Reflvxv aqvae maris, svbtilis et erv-
    dita Dispvtatio : Eiusdem de motv octavae sphae-
    rae. *In Academia Veneta*, m. d. lix. *in-fol. fig. en*
    bois. (1100 exemplaires.)

30 feuillets, et au commencement 4 dont le dernier blanc. La
préface *Cardinali Turnonio* est signée *Mathematici Academiæ*
Venetæ. Les 12 grandes gravures en bois, qui, à la vérité, ne
sont que des lignes droites et circulaires, sont, dans les comptes
déjà mentionnés, portées en dépense pour 16 livres de Venise
seulement. Ce volume est aussi fort rare. Il est bien imprimé et
sur très beau papier, comme le sont à peu près sans exception
tous les livres de l'Accademia Veneziana.

On lit dans la préface : « Haec eruditissima valdeque a multis
optata scripta cum in tenebris laterent, fortasse paullatim vetus-
tate corrupta periissent, nisi.... Lucae Hieronymi Contareni,
patricii Veneti, cui praeceptor fuit Delphinus ipse horum scrip-
torum auctor, singularis humanitas concessisset Academiae
nostrae..... » Federigo Delfino, natif de Padoue, y mourut en
1547, âgé d'environ 60 ans.

Flavii Alexii Vgonii nobilissimi civis Brixiani, De
    maximis Italiæ atque Græciæ calamitatibus.....
    Cum priuilegiis Principum, et permissione Ca-

tholicæ Inquisitionis. *In Academia Veneta*, M. D. LIX. *in-4.* (825 exemplaires.)

74 feuillets précédés de 3 contenant le titre et une préface au duc de Savoie, signée *Philosophi morales Academiæ Venetæ*, et d'un quatrième feuillet blanc. A la fin, sur un feuillet séparé, un *errata*, et au bas du recto d'un second, *In Academia Veneta*, M. D. LIX.

Outre l'ouvrage annoncé sur le titre, ce volume contient encore six opuscules, dont la table est au verso de ce titre : « De Christi pace, atque civili concordia. De Dignitate atque præstantia Reip. Casinensis. Ad Cardinalem Polum Epistola. Ad Abbates S. Benedicti, in Concilio Tridentino congregatos. Epitaphium in obitu Basilii Leonis Mantuani. Consolatoria ad amicum in morte uxoris. »

La permission de l'Inquisition, mentionnée sur le titre, se trouve encore à la fin de l'opuscule *De Montium origine*, 1561, in-4, en ces termes : *Reverendi D. Auditor et Inquisitor legerunt*. Cette inspection inquisitoriale, qui étoit loin de plaire aux Académiciens, et sur laquelle Paul Manuce s'exprime très clairement dans plusieurs de ses lettres à Ant. Natta, et autres, paroît prouver une sorte de défiance du gouvernement contre cette immense association littéraire, et faire connoître l'une des causes qui contribuèrent à son anéantissement.

Orationes clarorvm hominvm, vel honoris officiiqve cavsa ad Principes, vel in fvnere de virtvtibvs eorvm habitae. *In Academia Veneta*, M. D. LIX. *in-4.* (1100 exemplaires.)

176 feuillets et un blanc; au commencement 7 feuillets contenant le titre, une préface au cardinal Alphonse Carafa, signée *Rhetores Academiæ Venetæ*; la table des Oraisons qui sont au nombre de 31, et un huitième feuillet blanc. Les feuillets 59 et 60 sont de même blancs. Ce volume est fort rare.

Les projets littéraires de l'Académie font presque entièrement le sujet de cette préface, comme de la plupart de celles qu'on lit dans les autres livres qu'elle a publiés. Bonne à être lue en entier, elle ne contient cependant aucun passage assez remarquable pour être rapporté ici même par extrait.

Ce volume a été imprimé par Nicolo Bevilaqua.

✡ Sacra ac recens Psalmorvm omnivm Davidis Interpretatio, ab eximio theologo Placido Parmensi, ordinis praedicatorvm edita. *In Academia Veneta*, M. D. LIX. *in*-4. (1125 exemplaires.)

335 feuillets, un blanc à la fin, et au commencement 4 contenant le titre et la préface qui est signée *Academici Veneti*, et adressée à Henri II, *Christianissimae Maiestati, Henrico II, Galliae Regi, Domino nostro colendiss.* La petite gravure en taille-douce, marque adoptée par l'Académie, n'est pas la même dans tous les exemplaires.

Ce volume, qui est rare, et non moins bien imprimé que les autres éditions de l'Académie, contient l'interprétation ou exposition des 150 psaumes, mais non pas celle des 10 cantiques, comme le croit mal à propos M. L. d'après Eccard, *Script. ord. Praed.*, t. 2, p. 167. Le Registre annonce 42 doubles feuilles et une feuille simple, ce qui est d'accord avec les comptes de P. Manuce qui se fait payer une feuille, et ceux de Cornelio et Domenico Nicolini, autres imprimeurs de Venise, qui en font payer 84 pour l'entier achèvement du livre; et dans ces 85 feuilles il ne se trouve rien sur les Cantiques.

✡ D. Andree Alciati excellentissimi Iurisconsultorum Principis in secundam Infortiati partem de legatis preclarissima Commentaria nunc primum edita. *In Academia Veneta*, M. D. LIX. *in-fol.* (1100 exemplaires.)

Au commencement, 4 feuillets contenant le titre, la dédicace à Philippe II, roi d'Espagne, et un *errata*; ensuite le texte en 151 pages chiffrées.

Imprimé par Nicolo Bevilaqua, au prix de 62 l. de Venise, pour le papier et l'impression de chaque feuille.

Le volume *Orationes,* in-4, imprimé par le même, et au même nombre de 1100, lui fut payé 68 l. la feuille, tout compris. Je cite ces deux prix seulement, pour donner une idée de ce que coûtoit alors la fabrication des livres.

Dans le compte de Bevilaqua, je vois 13 l. 12 s. *per la stampatura de* 500 *Indici.* C'est encore un petit catalogue, probablement d'un quart de feuille, et dont tous les exemplaires auront péri; si quelque amateur le retrouve, il le reconnoîtra sur cette indication.

✤ Dvo tvm gravissima, tvm lepidissima Poemata heroica. Illvstriss. Iacobi Sadoleti, et Francisci Sfondrati. Quorum alterum inscribitur Curtius, alterum vero de Raptu Helenæ. *In Academia Veneta,* m. d. lix. *in-4.*

24 feuillets; au commencement 3 pour le titre et la préface, snivis d'un quatrième blanc.

La préface, signée *Poetæ Academiæ Venetæ,* est adressée au cardinal Christoph. Madruccio, évêque de Trente.

Qu'on ne trouve pas minutieuse l'indication de toutes les petites pièces qui vont suivre, c'est moins pour leur extrême rareté que je les annonce exactement, que pour les renseignements utiles qu'elles fournissent sur l'histoire littéraire, en général, et sur l'Académie Vénitienne en particulier.

✤ Lettera al Molto Magn. M. Camillo Vezzato Amico nostro Car^mo et hon^mo. *Anversa,* 7^bris 1557.

2 feuillets in-4.

C'est une lettre de négoce, par laquelle on annonce à ce M. Vezzato d'Anvers, qu'on l'a choisi pour associé, ou plutôt pour correspondant de l'Académie.

« È stata uolontà del clariss. sign. Federico (Badoero) che ne la compagnia che habbiamo serata insieme del mandar à le stampe nostre molte, et diuerse opere.... sia accettata vostra sig. per compagno nostro à si importâte impresa.... »

✢ Elettione Et obligo dei quattro Nodari dell'Academia.

2 feuillets in-4, sans date.

· ✢ Obligo Particolare D'Alcuni Academici In materia di Danari.

2 feuillets in-4, sans date.

« .... Si dichiara per la presente scrittura, come quelli, li quali sono per hauer sopra di se cosi. il carico, et spesa, come il pro, et utile de la compagnia, de la stamparia, et Libraria de la Fama saranno li sottoscritti di sua propria mano à questo presente scritto..... riseruando sempre la superiorità, arbitrio et consenso del clariss. Signor Federigo Badoer author, et protettor di tutta l'Academia nostra de la Fama. »

Cet acte est signé par Giovanni Badoero, sous le nom duquel devoit être la maison de commerce, Zuane Badoer e compagni, par l'abbé Morlopin Morlopino, Odoardo Thiene, Paolo Manutio, Antonio Girardi D., Aluise Badoero, Giustiniano Badoero, cinq desquels s'engagent à fournir à la société diverses sommes montant ensemble à 2000 ducats.

✢ Instrumento Tra alcuni Academici, Et ministri interessati. 14 9^{bris} 1557, *in-*4.

C'est l'acte de société de la maison de commerce, dans lequel sont déterminées les fonctions et obligations de chacun des intéressés. On n'y voit pas tous les mêmes noms que dans les pièces qui concernoient l'Académie sous les rapports littéraires. Paul Manuce entre autres ne fait point partie de cette association commerciale.

✢ Mandatum Academie Venetie Ab. Morlupino. *Die Februarii uigesimo tertio.* 1558.

4 feuillets in-4.

Instructions et pouvoirs donnés à l'abbé Morlopino qui alloit à la foire de Francfort et dans diverses parties de l'Allemagne et de la Flandre, pour les affaires de la société.

✤ Supplica Dell' Academia alla Sereniss. Signoria. *In-4.*

Cette supplique ou requête a pour objet d'obtenir un privilége pour l'impression des livres déjà publiés par l'Académie, et de tous ceux qui sont indiqués dans le catalogue *Somma delle opere*, in-fol., ou *Summa librorum*, in-4, dont l'un n'est que la traduction de l'autre, ainsi qu'il a été dit plus haut. L'Académie fait les plus magnifiques promesses ; elle se propose de publier le recueil de toutes les lois de la république de Venise, une histoire de son gouvernement, de ses usages, antiquités, édifices, etc. Elle offre de se charger du soin de la bibliothèque publique, de la mettre en ordre, de veiller à ce qu'elle soit approvisionnée des meilleurs ouvrages en tout genre, « quando sarà alla Serenità V. richiesto da alcũ principe, personaggio, ò huomo letterato di poterla uedere ci oblighiamo di mandar secondo le qualità loro due, quattro, e sei de gli Academici nostri.... et alcuna uolta le mostraremo à suoi nobili diletti figliuoli, à cittadini, et ad altri amatori della virtu.... » N'alloit donc point visiter cette bibliothèque qui vouloit.

Le privilége demandé par cette requête, fut accordé le 4 octobre 1558 ; et c'est la pièce suivante.

✤ Privilegio dell' Illustriss. Senato All' Academia.

2 feuillets in-4.

✤ Procura del Mag. M. Giouanni Badoaro All' Abate Morlupino, et a Vincentio Alessandri. *Janvier* 1559.

4 feuillets in-4 en langue latine, quoique le titre soit en italien.

On a vu plus haut que l'abbé Morlupino voyageoit pour les affaires de l'Académie. Il lui falloit en conséquence une procuration ; mais, ce qui n'étoit pas fort nécessaire, c'étoit d'imprimer cette procuration, ainsi que la plupart des autres pièces de ce recueil. Au reste, leur extrême rareté fait présumer que tous ces actes, comptes, mandats, n'ont été imprimés qu'à très petit nombre, et uniquement pour l'usage des régents ou directeurs de l'Académie.

✣ Obligo de' Reggenti. xxi *di Giugno* 1559.
>2 feuillets in-4.

C'est une sorte de prestation de serment par les dix régents de l'Académie.

✣ Mandati. *In-4.*

Quatre mandats ou ordres de payement, et un mémoire de copiste.

✣ Conto di mistro Domenico, e Cornelio de Nicolini Stampatori. 1558.
>2 feuillets in-4.

Ces divers comptes d'imprimerie ne sont pas les pièces les moins curieuses du recueil. On a vu dans le cours de ces notices qu'ils font connoître les nombres tirés de chaque livre, et qu'ils donnent même l'indication de quelques ouvrages, peu considérables à la vérité, mais qui ne sont maintenant connus que par ces renseignements.

✣ Conto di Nicolo Bevilaqua, detto il Trentino. 1558.
>Feuillet in-4.

✣ Polizze di M. Paolo Manutio. Alli Nob. Et Ecc. SS. Academici Compagni, e SS. Miei Oss.

Recueil de comptes de Paul Manuce, précédés de quatre de ses lettres dans lesquelles il entre dans les détails nécessaires sur les impressions qui lui ont été ordonnées par l'Académie. C'est dans l'une de ces lettres qu'il parle de trois caractères, dont un qu'il a fait venir de France; et c'est dans les comptes qu'on trouve l'indication des nombres qui furent tirés de ces diverses éditions.

✣ Affittatione della Volta. *Aprile* 1560.
>Feuillet in 4.

Bail de la boutique louée pour la librairie de l'Académie. Il est bien à noter qu'il n'est question que d'une boutique, et que jamais l'Académie n'a eu d'imprimerie à elle, quoique c'eût été dans ses projets.

✣ Procura D. Joannis Baduarii ad D. Justinianum Baduarium. *Antuerpiae, die decimo septimo mensis februarij,* 1560.

G. Badoaro envoya cette procuration d'Anvers où il étoit alors.

✣ Concessione Dell' Eccelso Consiglio di Dieci all' Academia 1560 A di ultimo di maggio. *In-4.*

Cette pièce étant courte et assez curieuse, je la donne ici en entier. On verra plus bas l'indication de quelques-unes des pièces qui furent imprimées en vertu de ce privilége.

« Vedendosi per isperientia de' tempi passati, che tutte le Parti prese in qual si uoglia de li consigli nostri da douer esser stampate, per intelligentia di ciascuno, sono state hor da questo, hor da quell' altro stampatore, per lo più, nõ solo poste in brutti caratteri, in catiuissime carte, et in brutta forma, ma cõ molti, e diuerse incorrettioni, et essendo appresso state stampate de le cose scandolose, spettanti si al stato nostro, come à Principi d' altra natione, da le quai cose sogliono nascer contrarii effetti à quella istimatione, che in tutte le cose publiche deue essere non pur desiderata, ma procurata; E à proposito prouedere, che esse nostre Leggi, che uanno per diverse parti del Mondo siano uedute, in bella, et degna forma; et del tutto corrette, et non potendo esser fatto questo piu conueniente-mente, che da tanti professori delle buone lettere, che si riducono ne l' Academia Venetiana, da la quale si uede esser uscite molte opere nuoue degne di molta laude. Però.

« L'anderà parte, che ad essa Academia, per l' auuenire sia data facoltà, di poter ella, et non altri stampatori metter à le stampe, le Parti, et ordini, di questo, et altri consegli, per quali uien deliberato douersi stampare, et de' Magistrati nostri. Et oltra di questo tutte quelle cose, che sono de trionfi publici, come

trate de' Prencipi, in questa città , et fuori, e tutte l' altre cose
di cirimonie, ò d' altro, che si sogliono metter à le stampe ,
sotto pena à li contrafacienti, di perder l'opere, et di pagar
ducati 200. da esser applicati à commodo di quelli , che di con-
tinuo si riducono in essa, secondo il suo laudevole instituto ,
et con beneficio degl' amatori di virtù. Douendosi però sempre
osseruar tutto quello , che per le nostre leggi è disposto in materia di stampe. »

✢ Lettere di Cambio Nel Mag. M. Giovanni Badoer , e Fratelli Ditta dell' Academia Venetiana.
In-4.

Si j'annonçois sans autre explication que ce cahier in-4 contient 43 lettres de change, on devroit croire que ce sont des
blancs sans date ni somme , ainsi que les négociants en font
imprimer pour diminuer et accélérer les écritures. Mais ce sont
bien réellement les copies imprimées de 43 lettres de change tirées
de divers lieux, sur G. Badoaro, par ses voyageurs fondés de pouvoirs ; et le cahier qui va suivre contient la copie de 30 autres
lettres de change remises par divers à ladite société Badoaro.
Je le répète, tout cela ne peut avoir été imprimé qu'à quelques
exemplaires pour les divers directeurs de cet établissement ; et ,
pour cet usage même, c'étoient encore d'assez inutiles impressions.

✢ Lettere di Cambio Di diverse rimesse al Mag.
M. Giovanni Badoaro, e Fratelli Ditta dell'Acad.
Ven. *Ne l'Anno* MDLX. *in-4.*

Copies imprimées de trente lettres de change, envoyées à
Badoaro et Ce par divers correspondants.

✢ Obligo Particolare D'alcuni Academici in Materia
di Danari.

1 feuillet in-4 sans date.

Obligation de 8 Académiciens de fournir à l'Académie diverses
sommes , montant ensemble à 3300 ducats.

✣ Accordo della Ditta, e Fratelli co' l' Tasso. vi *di Gennaro* 1560.

2 feuillets in-4.

Acte sous seing privé, qui accorde au chancelier ou secrétaire de l'Académie, Bernardo Tasso, son logement, et 200 ducats pour honoraires annuels. Le même acte assure toute protection au fils de Bernardo (Torquato Tasso), soit qu'il veuille s'employer au service de l'Académie, soit même qu'il ne le puisse ou ne le veuille point.

✣ Lettere del Cardinale Alessandrino all' Academia.
del Cardinal di Mantova.
del Cardinal di Ferrara.
del Cardinal di Napoli.
del Cardinal di Trento.
del Duca di Savoja.
del Vescovo di Feltre, Filippo Maria Campeggio.

Ces sept lettres de félicitations sont imprimées chacune séparément sur un double feuillet dont l'autre côté est blanc. Elles ne contiennent que des compliments inutiles à rapporter ici, excepté la dernière à la suite de laquelle on lit une promesse (*concessione*) de l'évêque de Feltri, de payer annuellement 300 écus d'or, et même plus, pour honoraires d'un philosophe académicien qu'il aura agréé sur la présentation de l'Académie. Cet écrit, daté du 28 novembre 1560, n'aura pas long-temps reçu son exécution.

✣ Instrumento Tra alcuni de gli Academici Acettato ne' Banchi.

C'est un acte d'association de même nature que celui du 15 novembre 1557.

✣ Instrumento di Deputatione, &c. di Federico

Badoero, in data 1560, 30 decembre: o sia Fondatione ed ordine dell' Academia Venetiana. *In-4.*

Pièce de 11 feuillets et 1 blanc, impr. en petites lettres rondes.

Dans cet acte, Fed. Badoero établit tout ce qu'il s'étoit pro-
posé de faire pour l'établissement et la prospérité de son Académie; il en trace les règlements, y nomme les divers adminis-
trateurs, les personnes qui le remplaceroient en cas de décès;
et fait la désignation de biens territoriaux assez considérables
qu'il hypothèque en garantie de l'exécution de cet acte. Cette
pièce, la plus importante du recueil, a été réimprimée par le
P. Pellegrini.

✣ Parte presa nell'illustrissimo et eccellentissimo
   maggior Consiglio sopra la Bestemmia, et altri
   detti et fatti dishonesti, nuovamente dal sereniss.
   Prencipe commessa alli Signori di notte al cri-
   minale. *Nell' Academia Venetiana, con privilegio
   delle stampe, conceduto dall' eccelso Consiglio di* x.
   In-4.

Pièce de 4 feuillets dont le dernier est blanc. La date se trouve
à la fin du dernier décret, ainsi énoncée : « A xxiii di decembre
m. d. lx. publicata sopra le scale di S. Marco et di Rialto per
Francesco di Simon Comandadore. »

✣ Parte presa nell' eccelso Consiglio di x. et Giunta,
   sotto li xxviij di Giugno m. d. lx. *Nell' Academia
   Venetiana, con privilegio delle stampe concedutole
   dall' eccelso Cons. di* x. *In-4.*

4 feuillets.

✣ Parte presa nell' eccelso Consiglio di x. et Giunta,
   a di xxiii. ottobre m. d. lx. *Nell' Academia Venetiana, con privilegio delle stampe, conceduto dall'
   eccelso Cons.* x. *In-4.*

2 feuillets.

On a vu plus haut que l'Académie avoit été, en 1560, chargée d'imprimer toutes les lois, et autres actes de l'autorité publique. Elle en aura probablement imprimé bien d'autres que ces trois pièces ; mais on conçoit que de telles feuilles volantes ont dû se perdre, ou au moins devenir très rares. Je dois la connoissance de celles-ci à M. le comte G. G. Trivulzio de Milan, qui a bien voulu prendre la peine de m'en envoyer l'exacte description prise par lui-même sur l'exemplaire qu'il possède. Outre la figure accoutumée de la Renommée, ces trois pièces portent le Lion vénitien au haut du frontispice.

Voici enfin la dernière pièce qu'ait publiée l'Académie, dissoute vers ce temps, comme on l'a vu au tome premier des Annales, dans la courte notice qui précède la liste de ces éditions, et que je n'ai pas cru nécessaire de répéter ici.

✠ De montivm Origine, Valerii Faventies, ordinis praedicatorum Dialogvs. *In Academia Veneta*, M. D. LXI. *In-4.*

16 feuillets chiffrés, précédés de trois et un blanc. La préface de l'auteur, qui s'y nomme *Academicus Venetus*, est adressée à Fil. Maria Campegio, évêque de Feltri, et datée *ex amoenissimis Ascanianis Montegolii collibus* XVIII. *kal. Feb.* Cet opuscule de mauvaise physique, mais écrit en bon latin, paroît être le seul qu'on connoisse de cet auteur. Il est rare. La Renommée ou gravure qui est sur le titre des éditions de l'Académie, est, dans cette seule édition, gravée en bois au lieu d'être en taille douce.

ÉDITIONS

FAITES A LYON ET A VENISE,

EN IMITATION DE CELLES D'ALDE.

Vergilivs. *In-8. Non chiffré et sans date.*

Ce volume, le premier qui ait été imprimé en italique hors de l'imprimerie d'Alde, n'est peut-être pas moins rare que le Virgile de 1501, dont il est la contrefaction. Mais, comme une copie ne vaut jamais un original, surtout lorsqu'elle est moins belle et moins correcte, cette édition lyonnoise est nécessairement moins précieuse que l'aldine. Aussi a-t-on cherché plus d'une fois à la faire passer pour l'édition de 1501, à laquelle il auroit manqué le dernier feuillet qui ne contient autre chose que la date. A la vente des livres du bibliographe G. W. Panzer, qui eut lieu à Nuremberg en 1807, je fis acheter à un très haut prix le Virgile de 1501, annoncé sous le n° 1557 du catalogue. Le livre arrivé, reconnu pour être de la contrefaction, et renvoyé tout aussitôt, j'eus quelque peine à me faire indemniser par les héritiers Panzer, qui prétendoient que ce volume étoit bien d'édition d'Alde, puisque leur père l'avoit regardé comme tel. Je n'entre dans ces détails que pour mettre les amateurs en garde contre l'erreur, ou même contre la supercherie ; car on a aussi plus d'une fois essayé de suppléer le feuillet de date par une copie figurée, écrite sur un feuillet de vieux papier. Au reste, un œil tant soit peu exercé ne confond plus les éditions aldines avec leurs contrefactions lyonnoises.

Ces deux Virgiles étant presque également rares, et chacun d'eux le plus précieux volume de ces collections in-8, ils figurent très bien l'un à côté de l'autre dans le cabinet le mieux choisi.

Ivvenalis. Persivs. *In-8. Sans date.*

Non-seulement les Lyonnois ne tardèrent pas à faire de ce livre une seconde édition sans date et plus correcte, mais d'abord

ils imprimèrent plusieurs cartons pour faire disparoître de leur
première édition les fautes signalées dans le *Monitum* d'Alde;
et ainsi ils eurent l'adresse de tourner à leur profit les avis qu'Alde
avoit cru devoir adresser au public contre ses contrefacteurs.

Lvcanvs. *In-8. Sans date.*

Je connois deux éditions non chiffrées, copiées sur l'aldine
de 1502, et avec la même préface d'Alde à Ant. Mauroceno.
L'une des deux a sur le titre une fleur de lis rouge, et c'est là
seconde, parce que cette marque ne fut adoptée par ces contrefacteurs que plusieurs années après 1500, lorsque ayant vu les
Giunti de Florence publier aussi des éditions in-8 fort estimées,
ils imaginèrent sans doute qu'ayant donné à leurs éditions la
physionomie de celles d'Alde, il seroit profitable d'ajouter, par
une demi-fraude, une fleur de lis qui pût au besoin les faire
croire éditions des Giunti de Florence. Ce n'est pas la seule fois
qu'on s'est arrangé pour faire passer un ouvrage comme étant
d'un tel auteur, ou une édition comme étant de tel imprimeur,
sans le dire positivement, et sans pouvoir encourir le reproche
positif de mensonge, si la fraude venoit à être signalée.

Outre ces deux éditions, il faut qu'il y en ait eu encore une
qui seroit excessivement rare, et la première des trois; car Alde,
dans son *Monitum* contre les contrefacteurs lyonnois, dit : *In
Lucano nulla est epistola in principio: at in meo maxime.* Or les
deux éditions ont la préface d'Alde, ainsi que je viens de le dire.

M. T. C. Epistolae familiares. *In-8. Sans date.*

Dans la bibliothèque Magliabecchi, à Florence, est un exemplaire sur vélin, sans titre, comme un autre que j'avois vu à
Paris, et qui, je crois, est maintenant en Angleterre.

✠ Aristotelis et Theophrasti Opera, latinè. *Troi- sième volume, in-8. Sans date.*

Ce troisième volume, que je n'avois pas encore vu en 1803,
contient, en 212 feuillets chiffrés, *Aristotelis et Alexandri
Aphrodisiei Problemata*, ce qui fait le complément de tous les
ouvrages annoncés sur le titre du premier volume.

✻ Pomponius Mela, J. Solinus, Vibius Sequester, etc. *In-8.*

Edition annoncée page 449 du catalogue de Ménars, où elle est ainsi désignée : *Vetus editio Lugdunensis.*

✻ Ciceronis Orationes. *Impresse Lugduni anno Domini millesimo . cccccviij, die uero ultimo octobris. In-8, de format carré.*

Ce volume, de 412 feuillets, contient toutes les oraisons de Cicéron, à l'exception des Verrines, dont probablement il a été fait une édition séparée, et de même format.

Commentarij Cæsaris recogniti per Philippum Beroaldum. *Anno Dñi.* m. cccc. viii. *die uero* xx. *Iunij. In-8.*

Évidemment imprimé par le même Balthasar de Lyon, qui a donné le Suétone de 1508, et autres éditions des mêmes temps. Il est à noter que ces éditions lyonnoises publiées de 1501 à 1525 ont bien été faites par divers imprimeurs, mais toutes in-8, et avec le même italique, ce qui leur donne la forme d'une collection suivie.

✻ Horativs. — *Exactum (Lugduni) anno Domini millesimo quingentesimo undecimo. Die vero* xxvi *Februarij. In-8.*

Cette édition, donnée par Simon Charpentier, est une copie fort inexacte de l'aldine de 1509. Elle en reproduit le titre entier, la préface d'Alde, avec la même date de 1509 ; et elle a juste le même nombre de pages, chiffrées de même. Sur le titre est la fleur de lis rouge qui désigne les éditions lyonnoises imprimées de 1510 à 1515.

Mitscherlisch fait mal à propos à cette édition les honneurs d'une leçon qui, si elle n'est pas la véritable, est au moins fort ingénieuse : *Dedicet Euro*, pour *Hebro*, Od. 25, l. 1. Cette leçon, qui a beaucoup occupé les commentateurs, dont plusieurs l'ont mise en avant comme leur propre conjecture, parut pour la première fois dans l'aldine de 1509, au moins ne l'ai-je pu trouver dans aucune autre édition antérieure ; et les Alde ne l'ont probablement point jugée bonne, car on ne la revoit dans aucune de leurs éditions subséquentes.

M. Vanderbourg, à qui je dois l'indication de cette petite particularité littéraire, et qui va publier une traduction en vers des Odes d'Horace, accompagnée d'un texte revu sur toutes les meilleures éditions, et sur une quantité considérable de manuscrits, nous dira sans doute si cette rare édition contient quelques autres leçons qui lui appartiennent, et fassent excuser les fautes typographiques dont elle est remplie.

✳ Martialis. *Anno Domini M. Qvingentesimo* XII. *mense Ivnii die* x. *In-8.*

Sans chiffres, avec titre et fleur de lis rouges.

✳ Commentarii Cæsaris recogniti per Philippvm Beroaldvm. *Anno Dñi.* M. CCCCC. *et* XII. *pridie nonas Nouēbris. In-8.*

Copie de l'édition précédente de 1508 ; feuillets chiffrés.

✳ M. Plavti Sarssinatis Comedie xx. Varroniane ex antiqvis recentioribusq; exemplaribvs invicem collatis diligentissime emendate. *Anno post Virginis partum decimo tertio supra mille et quingētos pridie nonas Apriles. In-8.*

Feuillets non chiffrés, titre et fleur de lis rouges.

Cette édition, donnée par Simon Charpentier, l'éditeur de l'Horace de 1511, n'est point sans mérite. Elle a quelques fragments qui y paroissent pour la première fois ; et les vers, extrêmement confus et mal en ordre dans toutes les éditions précédentes, commencent à y être un peu mieux disposés *ad normam metri.* Quoique ce volume, les deux César qui précèdent, et plusieurs autres, ne soient la contrefaction d'aucune édition aldine, je les admets dans ces notices, parce qu'elles sont données par les mêmes imprimeurs, et avec les mêmes caractères des éditions *aldinas mentientes*. Ce volume est l'un des plus rares et des meilleurs de cette collection lyonnoise ; mais on ne le rencontre guère que dans le plus pitoyable état de conservation.

✻ Ivvenalis. Persivs. *Impressvm impensis Bartholomei Trot, anno a Virginis partu millesimo quingentesimo decimo quinto ultimo die mensis Iunij. In-8.*

Non chiffré, et avec la préface d'Alde.

✻ Qvintiliani Oratoriae Institvtiones. *Impressum anno Domini (Domino dans une partie des exemplaires)* M. D. XVIIJ. XIX. *mensis Nouembris die. In-8.*

Copie de l'édition de 1510, avec cette différence que le grec y est imprimé. Cette réimpression n'est ni belle ni correcte.

✻ Q. Horatij Flacci poemata nuperq; accuratissime castigata, & in quibus multa sunt addita ad eorum declarationem spectantia. Eiusdem omnia metrorum genera, quæ sint, quibusq; constent pedibus ; ante & inter suis in locis adposita....... Adnotationes aliquot Matthæi Bonfinis, etc. *Excusa Lugduni sumptibus Bartholomei Trot.* M. D. XVIII. *mense Augusto. In-8.*

Feuillets non chiffrés, titre rouge dans un cartouche noir. Edition faite sur celle de 1511, dont il vient d'être question plus haut, et sur l'édition Juntine de 1514 dont elle a la préface, et les préliminaires, *metrorum genera,* etc., ce qui n'est au reste qu'une représaille ; car cette édition de 1514 avoit pris dans celle de 1511 plusieurs bonnes leçons, et entre autres le *Dedicet Euro* pour *Hebro*, qui a été remarqué plus haut.

✻ Suetonii Caesares, etc. *In calcographia Guilhelmi Huyon Ludugñ. (sic) anno a natiuitate Domini* D. XX. *supra mille. die* XIII. *mensis Ianuarij. In-8.*

Feuillets chiffrés, titre rouge dans un cartouche noir. Copie

de l'édition Juntine de 1515, avec la préface de son éditeur
Ant. Francinus.

✣ Ivvenalis Persiiqve Satyrae feliciori lima qvam
    privs impressae svnt. 1521. — *In inclyta vrbe*
    Lugd. Opera Guillelmi Huyon impressoris mense
    Iunio. 1521. *In-8.*

Titre rouge et noir, dans un cartouche. Feuillets chiffrés.
Copie de l'aldine de 1501, avec la préface d'Alde.

ÉDITIONS FAITES A VENISE,

En imitation de celles d'Alde.

Les Lyonnois n'ont pas été les seuls qui ont contrefait les éditions d'Alde avec l'intention mani-
feste de faire servir à leur profit personnel la haute
réputation que s'étoit* acquise ce savant et habile
imprimeur. Ils furent à la vérité ceux qui se livrè-
rent à ce brigandage avec le plus d'activité et aussi
avec le plus de succès, à en juger par la multitude
de leurs éditions, et surtout aussi par leurs doubles
et triples réimpressions des mêmes ouvrages. Ce que
les Lyonnois avoient commencé lors de l'apparition
du premier volume en italique, dès 1501 ou 1502,
d'autres le tentèrent plus en petit ; ce sont des vo-
leurs honteux qui ne se sont essayés que dans de
petites occasions. On a vu dans les Annales que les
Giunti de Florence ont contrefait l'Ovide de 1515,
du même format, avec l'ancre aldine, et que François d'Asola a signalé une autre de leurs contrefactions. Mais dans la liste que j'ai donnée des éditions
lyonnoises, il se trouve quelques contrefactions

que je reconnoissois pour être vénitiennes, sans avoir pu découvrir quel en avoit été l'imprimeur. La confrontation de plusieurs livres imprimés à Venise de 1515 à 1525, m'a fait reconnoître enfin que les éditions dont je vais donner la notice sont de Gregorio de Gregori, qui, dès 1501, imprimoit à Venise avec son frère; Joannes et Gregorius de Gregoriis, de Forlivio. Ce sont bien des contrefactions, puisqu'elles sont faites dans le même format, aussi en italique, et avec les mêmes préfaces. Il en existe une, pareillement de Venise, mais dont je ne connois pas encore l'imprimeur.

Le terze Rime de Dante con sito, et forma de lo Inferno. Novamente in restampito. *In-8.*

Non chiffré, et sans date.

Copié sur l'aldine de 1515, avec la même préface, et les mêmes figures en bois, gravées un peu plus en petit.

Dante col sito, et forma dell'Inferno. *In-8.*

Non chiffré et sans date.

Cette édition est d'un imprimeur qui m'est encore inconnu. Le caractère est plus gros que celui d'Alde; la préface n'y est pas; mais les gravures en bois y sont aussi copiées.

J. J. Pontani Opera poetica. 2 *vol. in-8.*

Sans date; feuillets chiffrés.

Copie des éditions aldines de 1513 et 1528, dont on reproduit jusqu'aux fautes typographiques.

✣ Q. Horatii Flacci Poemata omnia, etc. *In-8.*

Sans date; feuillets chiffrés. Titre, préface, préliminaires, etc., tout est copié de l'aldine de 1519.

✣ Sallustius, etc. *In* 8.

Sans date; feuillets chiffrés. Copié sur l'aldine de 1521.

✣ Trogi Pompei Historiae in compendivm ab Ivstino redactaé, etc. *In*-8.

Sans date; feuillets chiffrés. Copie de l'aldine de 1522.

Il Petrarcha. *In*-8.

Sans date; feuillets chiffrés. Copie de l'édition aldine de 1521, avec la même préface. Dans les Annales, t. ii, p. 200, j'ai dit que cette préface n'étoit dans aucune des quatre éditions aldines, et l'erreur étoit venue de ce qu'il n'y en avoit point dans l'exemplaire que j'avois alors du Pétrarque de 1521.

Epistole obscurorum virorū ad Venerabilem virum magistrum Ortuinum Gratiū Dauentriensem Colonie Agrippine bonas litteras docentem : varijs et locis et temporibus misse ac demum in volumen coacte. Cum multis alijs epistolis in fine annexis q̄ in prima impressura non habentur. *In Venetia impressum in impressoria Aldi Minutij : anno q̄ supra : etiᵃ cauisatu est ut in alijs ne quis audeat post nos imp̄ssare per decěniū per illustrissimū. Principē Venetianorū.* In-4.

Ce n'est pas la contrefaction d'une édition aldine, mais une édition faite en Allemagne, en petites lettres gothiques, et mise par plaisanterie sous le nom d'Alde. L'annonce de seconde édition est, à ce que je crois, tout aussi supposée que le nom de l'imprimeur, car je n'ai pu découvrir aucune trace d'une édition antérieure. Celle-ci est très rare, et la date de 1516, indiquée par Debure, n'est point celle de l'impression, mais celle de l'avant-dernière lettre.

LOI

POUR UNE NOUVELLE ACADÉMIE (1).

Eu égard aux nombreux avantages que les amateurs des lettres ne peuvent manquer de trouver
dans les entretiens en langue grecque, il a unani-
mement semblé bon à nous trois, Alde le Romain,
Jean le Crétois (2), et à moi troisième, Scipion Carteromaco (3), d'établir une loi défendant de con-

(1) C'est la pièce dont il est question ci-dessus, pag. 51.

(2) Giovanni Cretense, autrement Giovanni Gregoropulo.

(3) Scipione Fortiguerra, de Pistoie, qui prit le nom
de Carteromaco.

M. Ciampi, de Florence, pag. 49 de sa Notice sur Scip.
Carteromaco, parle d'un Théocrite des Giunti, 1515, in-8,
enrichi de notes manuscrites de ce savant, et il paroît
craindre que le livre ne soit perdu. *Questo prezioso codice
avrà sofferto la sorte degli altri libri dell' infelice cardinale.*
Le sort des livres du cardinal de Brienne, à qui appartenoit
ce volume, a été d'être, pour la plupart, vendus à l'en-
can, les uns peu avant, les autres après le décès de leur
possesseur ; et ce sort sera nécessairement presque toujours
celui des bibliothèques particulières. A l'une de ces ventes
j'ai acquis le livre en question, et il fait partie de ma collection personnelle. M. C. fait aussi mention, pag. 18,
d'un manuscrit grec de la main du même Carteromaco ;
et il ajoute que ce manuscrit *si conservava nella Libbreria*

verser entre soi autrement qu'en langue grecque.
Que si quelqu'un s'exprime différemment parmi
nous, soit à dessein, soit par inadvertance, soit
même par oubli de la loi, soit par quelque autre
cas fortuit, il payera une amende, à moins toute-
fois que ce ne soit à dessein et à ce sujet, qu'il y ait
manqué.

Le délinquant payera l'amende sur-le-champ, sans
pouvoir différer au lendemain ou au surlendemain:

---

real di Parigi. Tout ce qui exista dans la bibliothèque
impériale, autrefois royale, de Paris, y est encore, et
s'y conserve avec les soins que mérite un aussi précieux
dépôt, mais en même temps avec une libéralité de com-
munication qui met chacune des parties de ces trésors
littéraires à la disposition de quiconque veut venir en faire
usage, soit pour son instruction personnelle, soit pour
l'utilité générale des sciences et des lettres.

Je ne dois pas finir cette note sans faire remarquer que
le P. Laire et Bandini, tom. II, pag. 72 des *Annales Jun-
tini*, se sont trompés au sujet de ce Théocrite. Les notes
qu'il contient ne sont point de Scipion Carteromaco, mort
le 16 octobre 1515, c'est-à-dire, avant la publication de ce
Théocrite, daté du x janvier 1515–6, mais de Michel, de
la même famille, et un peu moins ancien. Sa signature
se trouve deux fois dans le volume, et d'ailleurs l'écriture
de ces notes ne ressemble point du tout à celle du manuscrit de la bibliothèque impériale, reconnu pour être tout
entier de la main de Scipion. Dans ce manuscrit, n° M. XLV,
j'ai trouvé, sur les deux premiers feuillets, quelques lignes
de la main d'Alde l'ancien, pour lequel Scipion l'avoit
indubitablement écrit.

s'il ne paye aussitôt, il devra le double ; s'il ne donne pas non plus cette somme, il devra le quadruple, et ainsi de suite, toujours à raison du délai.

Celui qui ne tiendra nul compte de la loi, ou qui négligera de payer, sera chassé de la société des hellénistes, comme indigne de siéger parmi les sages, et sa rencontre sera ensuite regardée comme sinistre.

L'argent payé sera chaque fois déposé dans une bourse, ou même dans une boîte fabriquée pour ce seul usage : la garde en sera confiée soit à l'un de nous, soit à quelque autre personne désignée par nos suffrages, et jugée digne de cet emploi. Préalablement la boîte sera fermée avec soin, et scellée pour plus grande sûreté. Lorsqu'on aura cru devoir l'ouvrir, elle sera apportée au milieu de nous, et l'argent sera compté. S'il suffit à la dépense d'un banquet, il sera remis dans les mains d'Alde le président, qui, avec cette somme, nous traitera, non comme des imprimeurs, mais comme il convient de traiter des hommes qui déjà réalisent le beau rêve d'une nouvelle Académie, et l'ont instituée presque à la manière de Platon. Si au contraire l'argent ne suffit pas encore, il sera de nouveau renfermé dans la boîte, et y restera jusqu'à ce que la somme devienne assez forte pour suffire aux frais d'un banquet.

Il ne sera permis d'admettre parmi nous comme convive aucune personne qui ne soit digne de la société des philellènes, c'est-à-dire, aucun homme sans instruction, ou dépourvu de toute littérature grecque, ou, ce qui est le principal, étranger à la nouvelle Académie, et ignorant les règles par nous établies. Mais si un étranger ou quelqu'un du dehors, retenu ici pour quelque affaire, instruit et sachant le grec, venoit parmi nous, comme il arrive souvent, il sera de même soumis aux règles établies. S'il résiste à la loi ou s'élève contre elle, aussitôt, sans être admis à se justifier, ni pouvoir obtenir aucun pardon, il sera condamné comme indigne, et expulsé de la nouvelle Académie; et jamais par la suite il ne pourra être admis parmi nous, à moins qu'il ne se repente de sa faute, qu'il ne consente à rester soumis à nos lois, et qu'il ne produise presque des cautions. Si c'est, au contraire, quelqu'un qui ne sache pas le grec, soit pour ne s'y être point encore adonné, ou pour n'en être pas à pouvoir le parler, et qu'il l'étudie encore, ou même ait le desir de l'étudier; que celui-là admis parmi nous s'habitue aussi petit à petit à parler grec comme nous. S'il trouble l'ordre, et surtout s'il va jusqu'à tourner notre assemblée en ridicule, qu'il soit exclu à perpétuité, sans pouvoir jamais être jugé digne de notre société, même quand il en supplieroit avec instances.

A porté la loi, Scipion Carteromaco, de l'ordre des lecteurs. Ont recueilli les suffrages, Alde le Romain, chef de ladite Académie, et Jean de Crète, de l'ordre des correcteurs, présidents. Ont donné leurs suffrages, tous les membres de la nouvelle Académie, dont Baptiste (1), prêtre, de l'ordre des ecclésiastiques ; et Paul (2), vénitien, de l'ordre des nobles ; Jérôme (3), de Lucques, médecin, de l'ordre des médecins ; François Roseto, de Vérone, de l'ordre des professeurs, et beaucoup d'autres qui, ayant le desir de s'instruire, et de faire partie de nouvelle Académie, n'y sont encore admis que de nom.

Puisse-t-elle prospérer en tout, ainsi que ses membres !

------

(1) Battista Egnatio.
(2) Paolo Canale, noble vénitien.
(3) Girolamo Menochio, de Lucques.

MAXIMILIANVS SECVNDVS, (1)

Diuina fauente clementia electus Romanorum Imperator semper Augustus, ac Germaniae, Hungariae, Bohemiae, Dalmatiae, Croatiae, Sclauoniae, &c. Rex, Archidux Austriae, Dux Burgundiae, Brabantiae, Stiriae, Carinthiae, Carniolae, &c. Marchio Mora-

---

(1) Ce diplôme, accordé en 1571 à Paul Manuce par l'empereur Maximilien II, m'a été communiqué par MM. les Conservateurs de la bibliothèque ambroisienne de Milan, qui ensuite ont eu la complaisance de m'en envoyer une exacte copie, ainsi que de la pièce qui suit. Il consiste en une feuille imprimée d'un seul côté, ayant au milieu les armes accordées par ce même diplôme, qu'on voit ici représentées, et qu'Alde le jeune employa constamment depuis comme marque de son imprimerie ; c'est le n° 5 des ancres aldines, t. II des Annales.

uiae, &c. Dux Lucemburgiae, ac superioris et inferioris Silesiae, Wirtembergae, et Teckae, Princeps
Sueuiae, Comes Habspurgi, Tirolis, Ferretis, Fry-
burgi, et Goritiae, Landtgrauius Alsatiae, Marchio
Sacri Romani Imperii, Burgouiae, ac superioris, et
inferioris Lusatiae, Dominus Marchiae Sclauonicae,
Portus Naonis, et Salinarum, &c. Spectabili, docto,
sincere nobis dilecto, Paulo Manutio, gratiam nostram Caesaream et omne bonum.   Cum in more
semper fuerit positum institutoque majorum nostrorum Imperatorum, et Regum diligenter obserua-
tum, ut non modo qui foris res fortiter gessissent,
et hostes strenue debellassent, uerum ij etiam, qui
domi praestantis naturae, eximij ingenij, et prae-
clarae industriae, fructum Reipublicae gratissimum
edidissent, amplissimis honoribus, praemijsq. de-
corarentur, tum ut uirtuti suus tribueretur honos,
tum ut alij ad honestissimos quosq. conatus, et
pulcherrima de Republica benemerendi studia ex-
citarentur. Nos sane, quibus laudata majorum nostrorum uestigia sequi magnae semper curae fuit,
hanc quoq. partem, ab illis ueluti per manus tra-
ditam, minime negligendam esse duximus. Ani-
maduertentes ergo te uberrimis praeclarissimisq.
animi et ingenij dotibus, quas tibi partim natura,
partim industria tribuit, in optimarum artium ac
disciplinarum studijs, ita a prima usque adoles-
centia feliciter uersatum, omniq. litterarum scientia
imbutum, ut nec ingenij lumine, nec eruditionis
copia, nec eloquentiae studio, nec uirtutis probi-

tatisq. laude cuiquam cedere uidearis : ad haec clementer perpendentes egregiam tuam erga Nos, et
Sacrum Romanum Imperium, inclytamq. nostram
Austriae Domum, obseruantiam, cultum, et benemerendi studium : praetermittere non potuimus,
quin benignam animi in te nostri propensionem
peculiari aliquo munificentiae nostrae argumento,
quod perpetuum de uirtutibus tuis testimonium
perhiberet, omnique posteritati tuae ad sectandam
eandem uiuendi rationem incitamentum esset, testa-
tam relinqueremus. Considerata igitur familiae tuae
honestate, atque uetustate, auitam Nobilitatem, a
maioribus tuis, successionis, hereditatisq. jure ad
te deriuatam, non solum benigne approbandam,
confirmandam, et innouandam, sed majori splen-
dore ornandam, amplificandam, et Equestris ordinis dignitate atque condicione exaequandam esse
duximus, sienti eandem praesentium uigore ex
certa nostra scientia, animo bene deliberato, et
auctoritate nostra Caesarea, deq. ejusdem potestatis
plenitudine, clementer approbamus, confirmamus,
et innouamus, ornamus, amplificamus, equestriq.
dignitati parem, et conformem reddimus, ac quatenus opus est te supra dictum Paulum Manutium,
nec non uniuersos liberos, heredes, et posteros
tuos legitimos, utriusq. sexus, natos, et posthac ex
te, et illis aeterna serie descensuros, denuo ad no-
men, ordinem, gradum, statum, coetum, ac digni-
tatem nostrorum, ac Sacri Romani Imperii, Eques-
trium nobilium, assumimus, attollimus, et aggre-

gamus, ac, juxta qualitatem humanae condicionis
uere nobiles dicimus, nominamus, et declaramus,
ac ab uniuersis haberi, et reputari uolumus, prae-
sentiq. edicto nostro Caesareo firmiter decernimus;
quod ubiq. locorum, et terrarum, tam in iudicio,
quam extra, in rebus spiritualibus, et temporalibus, ecclesiasticis, et prophanis, quibuscumq.
etiam si talia forent, de quibus in praesentibus spe-
cialis, et expressa mentio fieri deberet, nec non
omnibus et singulis actibus possitis et ualeatis, quibuscumq. honoribus, officijs, iuribus, libertati-
bus, praeeminentiis, insignibus, gratijs, et praero-
gatiuis uti, frui, potiri, et gaudere, quibus alij
nostri et Sacri Romani Imperij Equestris ordinis
uiri, ac ueri nobiles, a quattuor auis paternis, et
maternis, geniti, et procreati, utuntur, fruuntur,
potiuntur, et gaudent, quomodolibet, consuetu-
dine, uel de iure. Vt autem huiusce Nobilitatis
uestrae condicio clarius elucescat, ac euidentius in
te, tuosq. gratiae atque beneficentiae nostrae extet
testimonium; eadem auctoritate, et potestate nostra Caesarea, scienter, et deliberate, antiqua, et
gentilicia armorum tuorum insignia, non solum gra-
tiose laudauimus, approbauimus, et confirmaui-
mus, uerum etiam auximus, amplificauimus, ac
locupletauimus; sicut, potestate praesentium, lau-
damus, approbamus, et confirmamus, augemus,
amplificamus, et locupletamus; ac, quatenus opus
est, de nouo, eo, quo sequitur, modo, gestanda et
deferenda, clementer concedimus, atque elargi-

mur. Videlicet, ut scutum secundum latitudinem in duas aequales partes sit diuisum : quarum inferior rubea referat Anchoram argenteam hamis, seu retinaculis, utrimq. sursum uersis, ex cujus ima, ac media parte anulus dependeat insertus, inde intermedia quasi pertica oblongior circumflexo Delphino candido, assurgat usque ad superiorem clypei aream crocei, siue aurei coloris, et in suprema extremitate alterum anulum erectum contineat, cui Aquila nigra ad dexteram conuersa, rostro obunco atque aperto, lingua rubiconda, et nonnihil exerta, alis explicatis, littera maiuscula M, aureo colore, pectore inscripta, unguib. curuis, atq. compressis insideat. Scuto incumbat Galea equestris, heroicis cancellis aperta, corona aurea insignis, phaleris a sinistra candidis, siue argentei et rubei, a dextra uero crocei, siue aurei, ac nigri colorum, mixtim circumfusis, ac molliter defluentibus : e cuius uertice emineat alia Aquila nigra, collo et capite erecto, alis uero, pedibus, caudaq. diductis, nec non rostro aperto, et exerta lingua rubea similiter conspicua. Sicuti haec omnia Pictoris sollertia, in medio praesentis nostri Diplomatis, suis coloribus rectius elaborata, et ob oculos posita habentur. Decernentes, et hoc Caesareo edicto nostro firmiter statuentes, quod tu, saepe dicte, Paule Manuti, omnesq. liberi, heredes, posteri, et descendentes tui, utriusque sexus, legitimo coniugio orti, aeternisq. temporibus orituri, jam descripta armorum insignia, sic a Nobis aucta, et locuple-

tata , ex hoc tempore deinceps in omnibus, et singulis honestis ac decentibus actibus, exercitijs, et
expeditionibus, tam serio, quam ioco, in hastili-
bus ludis, seu hastatorum dimicationibus, pedes-
tribus, uel equestribus, in bellis, duellis, singu-
laribus certaminibus, et quibuscumque pugnis,
cominus, eminus, in scutis, uexillis, tentorijs,
sepulcris, sigillis, monumentis, anulis, aedificijs,
supellectilibus, tam in rebus spiritualibus, quam
temporalibus, et mixtis, in locis omnibus, prout
uobis libitum fuerit, aut necessitas uestra postu-
lauerit, aliorum nobilium armigerorum, et Equestri
dignitate fulgentium, more, habere, gestare, ac
deferre, et ijsdem quocumq. modo uti possitis, et
ualeatis. Aptiq. sitis, et idonei ad ineundas et reci-
piendas omnes praerogatiuas, gratias, libertates,
exemptiones, feuda priuilegia, uacationes a mu-
neribus, et oneribus quibuscumq. realibus, perso-
nalibus, siue mixtis ; ad utendum quoque quibus-
libet priuilegijs, immunitatibus, juribus, et con-
suetudinibus, quibus ceteri, a Nobis, et Sacro Romano Imperio huiuscemodi ornamentis insigniti,
et feudorum capaces, atque participes, utuntur, ac
fruuntur : omni impedimento, et contradictione,
cessantibus. Nulli ergo omnino hominum, cuius-
cumque status, gradus, ordinis, condicionis, et
dignitatis exstiterint, liceat hanc nostrae approba-
tionis, confirmationis, innouationis, exaequatio-
nis, armorum augmentationis, amplificationis,
gratiae, decreti, et uoluntatis paginam ullo modo

infringere, aut ei quouis ausu temerario contraire.
Si quis autem hoc attentare praesumpserit, praeter
nostram, et Imperij Sacri, gravissimam indignatio-
nem , poenam quinquaginta Marcharum auri puri
se nouerit toties, quoties contrauentum fuerit, ipso
facto incursurum : pro dimidia, Fisco, seu aerario
nostro Imperiali; reliqua uero parte , injuriam
passi, aut passorum usibus irremissibiliter appli-
candam. Harum testimonio litterarum manu nostra
subscriptarum , et sigilli nostri Caesarei appensione
munitarum. Datum in Arce nostra Regia Pragae,
die uigesima octava mensis Aprilis, Anno Domini
Millesimo Quingentesimo, septuagesimo primo;
Regnorum nostrorum, Romani , nono; Hungarici,
octauo; Bohemici uero , uigesimo tertio.
MAXIMILIANUS.

Vice, ac nomine Reuerendiss. Domini Danielis,
Archicancellarij Moguntini,
     Jo. Bap. Vuerber.

Ad mandatum Sacrae Caesareae Maiestatis pro-
prium,
    R.ta B. Argento.   M. Gerstman.
                              coll.a

LICENZA

ad Aldo Manutio P. il Consiglio di X. (1)

NICOLAUS DEPONTE, Dei gratia Dux Venetiar, universis, et singulis, tam amicis, quam fidelibus, ad quos praesentes nostrae aduenerint, significamus, heri in consilio nostro Decem captum fuisse, ut infra VZ. Essendo il fedeliss.º cittadin nostro Aldo Mannucci, ordinario della Cancellaria nostra Ducale, figlº di D. Paolo Mannucci, che fu persona celebre per le singolari uirtù sue, stato con honorate conditioni, in luogo di D. Carlo Sigonio, mancato di questa uita, eletto alla publica lettura d'Humanità nella città di Bologna; onde potrà con la

---

(1). Cette pièce, du 5 février 1584, style vénitien, et 1585 suivant notre manière actuelle de compter, prouve qu'Alde quitta Venise avec l'estime de ses concitoyens.

Elle est prise d'une copie ancienne existant dans la bibliothèque ambroisienne, manuscrit D, nº 157, dans lequel sont divers mélanges, *Miscellanea,* rassemblés dans le seizième siècle, par Gio. Vincenzo Pinelli.

Dans la bibliothèque ambroisienne est aussi conservé un riche et volumineux recueil de lettres originales latines et italiennes, d'un grand nombre de savants et personnages illustres du seizième siècle. On y trouve entre autres une grande quantité de lettres de Paul Manuce et d'Alde son fils, et quelques-unes d'Alde l'ancien. J'ai obtenu d'exacts calques de trois de ces lettres, et je me propose de les faire graver quelque jour,

sua molta peritia nelle lettere far conoscere le uirtuose doti dell'animo suo, anco in quel floridiss.° studio; Conuiene alla benignità di questo Conseglio, ch'egli possa partirsi dalli nostri seruitij con buona gratia della Republica nostra; poichè dalla diligente opera di detto fedeliss.° cittadin nostro, si è riceuuto sempre grato, et honorato seruitio, nelle publiche occorrenze, et parimente nella publica lettura d'Humanità, in questa città nostra, da lui essercitata con grande profitto, et giouamento publico, et con lode sua singolare. Però L'ANDERA' parte, che al predetto fedeliss.° cittadin nostro Aldo Mannucci sia concesso grata licenza di poter transferirsi à Bologna, per l'occasione sopradetta. Et col presente nostro Decreto sia reso testimonio della nostra satisfattione, che si è sempre hauuta della sua persona, la quale ci sarà in ogni tempo carissima.

Datae in nostro Ducali Palatio die v. Februarij Ind.^{ne} XIII. CIƆIƆXXCIV.

Ill.^{mi} Consilij Decem
Secret.^s FRANC.^s GERARDUS.

CATALOGUE

DES ÉDITIONS ALDINES,

RANGÉ PAR ORDRE DE MATIÈRES. (1)

THÉOLOGIE.

V. *Sans date.* ALDI Specimen Biblior. editionis, hebr. gr. et lat. Feuille in-folio.

V. 1518. Sacrae Scripturae veteris, novaeque omnia : *graece.* In-fol.

V. *Sans date.* Psalterium graecum. In-4.

R. 1590. Biblia sacra latina. In-fol.

R. 1592. Eadem. In-fol.

R. 1593. Eadem. In-4.

R. 1593. Psalterium romanum. In-8.

V. 1529. Recognitio Veteris Testamenti, per Aug. Eugubinum (Steuchum.) In-4.

R. 1564. Eucherii Comment. in Genesim et libros Regum. In-fol.

V. 1545. Ant. Flaminii in Psalmos Enarratio. In-8.

V. 1564. Eadem; editio auctior. In-8.

V. 1559. Placidi Interpretatio Psalmorum. In-4.

R. 1565. Angelomi Annotat. in libros Regum. In-fol.

---

(1) Ainsi que dans la liste chronologique et raisonnée, la lettre **V** désigne les éditions de Venise, la lettre **R**, celles de Rome, et la lettre **B**, le petit nombre de celles qui furent publiées à Bologne en 1556 et 1557 par Antoine Manuce, et trente ans après par Alde Manuce son neveu.

On ne trouvera dans cette liste aucune des éditions reconnues comme apocryphes, et n'ayant existé que dans des catalogues ou notices fautives.

R. 1561. Theodoreti in Ezechielem Comment. In–fol.

R. 1562. Ejusdem in Danielem Comment. In-fol.

R. 1563. Ejusdem in Canticum canticorum Explanatio. In–fol.

V. 1571. P. de Palacio Enarrationes in Evangel. sec. Matthæum. *Ex Bibl. Aldina.* 2 vol. in-8.

V. 1542. (Grimani) Comment. in Epist. Pauli ad Romanos, et ad Galatas. In-4.

V. 1546. Folengi Comment. in Joannis Epist. In-8.

V. 1571. P. Canisii Authoritates sacrae Scripturae, etc. *Ex Bibl. Aldina.* 3 vol. in-4.

R. 1562. Reginaldi Poli de Concilio liber. In-4.

R. 1562. Ejusdem Reformatio Angliae. In-4.

R. 1564. Canones et Decreta Concilii Tridentini. In-fol.

R. 1564. Eadem. In-4.

R. 1564. Eadem. In-8.

V. 1564. Eadem. In-4.

V. 1564. Eadem. In-8.

R. 1564. Eadem, editio secunda. In-fol.

R. 1564. Eadem. In-8.

R. 1564. Eadem. In-8.

V. 1564. Eadem. In-8.

R. 1564. Eadem, editio tertia. In-fol.

R. 1564. Eadem. In-8.

R. 1564. Eadem. In-8.

V. 1565. Eadem. In-8.

V. 1565. Eadem. In-8.

V. 1566. Eadem. In-8.

V. 1567. Eadem. In-8.

V. 1568. Eadem. In-8.

V. 1569. Eadem. In-8.

V. 1574. Eadem. In-8. } Éditions douteuses.
V. 1575. Eadem. In-8.

V. 1589. Eadem, cum Indice libr. prohibitorum. In-8.

V. 1567. Orationes, Responsa, Literae ac Mandata ex actis Concilii Tridentini collecta. In-8.

V. 1569. Eadem. In-8.

V. 1566. Constitutiones et Decreta Synodi Medionalen-
sis. In-8.

V. 1587. Constitutiones et Privilegia Patriarchatus et
Cleri Venetiarum. In-4.

V. 1571. V. Quintianus Patina de SS. Missae Sacramento. *Ex Bibl. Aldina.* In-4.

R. 1564. Breviarium romanum. In-fol.

R. 1568. Idem. In-fol.

R. 1568. Autre édition, sous la même date. In-fol.

R. 1568. Idem. In-8.

V. 1574. Missale romanum. *Ex Bibliotheca Aldina.* In-4.

V. 1573. Officium Hebdomadae sanctae. *Hier. et Bern.
Turrisani.* In-12, fig.

V. 1497. Horae Beatae M. Virginis: *graece.* In-16.

V. *Sans date.* Eadem. In-32.

V. 1505. Eadem : *graece.* In-32.

V. 1521. Eadem : *gr.* In-32.

V. 1572. Officium Beatae M. Virginis. In-24.

V. 1581. Idem. In-12.

V. 1587. Idem. In-12, 45 figures.

V. 1549. Acoluthia lectoris. Gr. in-8.

V. 1561. Liber precum. *Ap. filios G. Fr. Turresani.* In-8.

V. 1556. Athenagora della Risurrettione de' Morti, tr.
da G. Faleti. In-4.

V. 1503. Origenis Homiliae. In-fol.

V. 1515. Lactantius. In-8.

V. 1535. Idem. In-8.

R. 1563. Caecilii Cypriani Opera. In-fol.

V. 1553. Gregorii Nazanzeni Comment. in Hexaemeron :
latine. In-8.

V. 1516. Ejusdem Orationes xvi : *graece.* In-8.

V. 1536. Ejusdem Orat. ix. — Greg. Nysseni lib. de
Homine : *graece.* In-8.

V. 1569. Due Orationi di Gregorio Nazanz. trad. da
Annib. Caro. In-4.

R. 1563. Greg. Nysseni Conciones a P. Galesinio lat. versae. In-4.

R. 1562. Greg. Nysseni de Virginitate liber, lat. versus. In-4.

R. 1562. Ambrosii, Hieronymi & Augustini de Virginitate opuscula. In-4.

R. 1562. S. Joannis Chrysostomi de Virginitate liber, lat. versus. In-4.

V. 1554. Giov. Crisostomo della Providenza di Dio. In-8.

R. 1565. Hieronymi Epistolae. 3 vol. in-fol.

R. 1566. Eadem. 4 vol. in-8.

R. 1564. Salvianus de Dei Judicio et Providentia. In-fol.

V. 1554. Joannis Damasceni adv. imaginum Oppugnatores Orationes : *latine*. In-8.

V. 1565. Clem. Dolera Compendium Institut. Theolog. In-8.

V. 1559. M. Ant. Natta, de Deo. In-fol.
    Il y a des exemplaires datés de 1560.

V. 1570. Ejusdem libri editio altera. In-fol.

V. 1558. M. Ant. Nattae de Dei Locutione Oratio. In-4.

R. 1596. Oratio de Virtutibus D. N. Jesu Christi. In-4.

V. 1563. Isotae Nogarolae Dialogus utrum Adam vel Eva magis peccaverit. In-4.

V. 1553. Il sacro Regno del gran Patritio, etc. In-8.

V. 1551. Il Genesi, l'Humanità di Ghristo, i Salmi. Opere di P. Aretino. In-4.

V. 1552. P. Aretino. Vite di Maria Vergine, di S. Caterina, di S. Tommaso d'Acquino. In-4.

B. 1557. J. Carrarii Discussio de vitio simoniae. In-8.

R. 1562. Marianus Victorius de Sacramento confessionis. In-8.

R. 1566. Ejusdem libri editio altera. In-8.

V. 1589. Nic. Vito di Gozze Discorsi della Penitenza. In-8.

V. 1562. L'Arte del Predicare, di Fra Luca Baglione. In-8.

R. 1566. Catechismus, ex Decreto Concilii Tridentini. In-fol.

R. 1566. Idem Catechismus. In-8.

R. 1566. Idem. In-4.

R. 1567. Idem. In-8.

R. 1569. Idem. In-8.

R. 1573. Idem. In-8.

V. 1575. Idem. In-8.

V. 1582. Idem. In-8, fig. en bois.

R. 1566. Catechismo, secondo il Concilio di Trento. In-8.

R. 1567. Il detto. In-8.

V. 1567. Il detto. In-4.

V. 1568. Il detto. In-8.

V. 1569. Il detto. In-8.

V. 1571. Il detto. In-8.

V. 1573. Il detto. In-8.

V. 1575. Il detto. In-8.

V. 1582. Il detto. In-8, fig. en bois.

V. 1579. Lorenzo Giustiniano, del Dispregio del Mondo.
In-4.

V. 1597. Il detto. In-4.

V. 1581. Phil. Mocenici Institutiones ad hominum per-
fectionem. In-fol.

V. 1556. Pianto della Marchesa di Pescara sopra la Passione di Christo. In-8.

B. 1557. Il detto. In-8.

V. 1561. Il detto. In-8.

V. 1578. F. Cornel. Bellanda Viaggio spirituale. In-4.

V. 1592. Il detto. In-8.

V. 1578. Gabr. Flammae Oratio de optimi pastoris mu-
nere. In-4.

R. 1565. Stanislai Hosii Confessio catholicae fidei. In-fol.

V. 1543. Magistri Petri Aurelii Sannuti Lutheranorum
Oppugnatio. In-4.

V. 1538. Fini Hadriani Fini Ferrariensis in Judaeos Fla-
gellum. *Fed. Turresanus.* In-4.

JURISPRUDENCE.

V. 1555. Th. Campegius de Auctoritate et Potestate Romani Pontificis. In-4.

V. 1558. Leonis Bapt. Alberti de Legato Pontificio. In-4.

R. 1563. Fr. Vargas de Episcoporum Jurisdictione, et Pontif. Max. Auctoritate. In-4.

V. 1554. B. Fumi aurea Armilla inquisitoris. In-8.

V. 1551. Statuta patrum ord. S. Francisci. In-4.

V. 1551. Apostolica Privil. Fratrum ord. S. Franc. In-4.

V. 1551. Ordinatione delli frati di S. Francesco. In-4.

V. 1558. Hier. Butigellae in I part. C. Comm. In-fol.

V. 1559. Alciati in Infortiat. Comment. In-fol.

R. 1567. Lucas Paetus de judiciaria Forma. In-8.

V. 1554. Tractatus de Nullitatibus processuum, a Seb. Vantio. In-8.

V. 1553. Matth. Gribaldi Mophae Interpretationes Juris. In-8.

V. 1560. Pacis Scala de Consilio sapientis adhibendo in causis forensibus. In-4.

V. *Sans date*. Benv. Straccha de Mercatura. In-8.

V. 1560. Parte presa nel maggior Consiglio sopra la Bestemmia. In-4.

V. 1560. Parte presa nel Consiglio di x, sotto li 28 di Giugno. In-4.

V. 1560. Parte presa nel Consiglio di x, a di 23 Ottobre. In-4.

SCIENCES ET ARTS.

V. 1584. D. Arm. Bellovisii Declaratio difficilium terminorum Theologiae, Philosophiae atque Logicae. In-8. (Édition douteuse.)

V. 1586. Eadem. In-8.

V. 1513. Platonis Opera : *graece*. In-fol.

V. 1503. Bessario in Platonis libros. In-fol.

V. 1516. Idem. In-fol.

V. 1497. Jamblichus de Mysteriis; Proclus in Platonem. Psellus , &c. *lat.* In-fol.

V. 1516. Iidem. *lat.* In-fol.

V. 1495–7–8. Aristotelis Opera : *graece.* 5 vol. in-fol.

V. 1551–52–53. Eadem : *gr.* 6 vol. in-8.

V. 1504. Aristotelis Hist. Animalium. Theophrasti Hist. plantarum , &c. *lat.* In-fol.

V. 1513. Eaedem : *lat.* In-fol.

V. 1503. Ammonius Hermeus , Magentinus in Aristotelis libr. peri-hermenias : *gr.* In-fol.

V. 1504. J. Grammaticus (Philoponus) in posteriora Resolutoria Aristotelis : *gr.* In-fol.

V. 1534. J. Grammaticus in posteriora Resolutoria. Eustratius in eadem : *gr.* In-fol.

V. 1513. Alex. Aphrodisiei in Topica Aristotelis Commentarii : *gr.* In-fol.

V. 1520. — in priora Analytica Aristotelis Comment. *gr.* In-fol.

V. 1520. — in sophisticos Aristotelis Elenchos Comment. *gr.* In-fol.

V. 1526. Simplicius in libros de Coelo : *graece.* In-fol.

V. 1526. — in libros physicae Auscultationis : *graece.* In-fol.

V. 1527. — in libros de Anima. Alex. Aphrod. in libr. de Sensu , &c. *graece.* In-fol.

V. 1527. J. Grammaticus in libros de Generatione et Interitu. Alex. Aphrod. in Meteorologica : *graece.* In-fol.

V. 1534. Themistius. Alex. Aphrodisiensis de Anima : *graece.* In-fol.

V. 1536. Eustratii et aliorum Comment. in libros decem de Moribus : *gr.* In-fol.

V. 1546. Ammonii Hermiae in Voces Porphyrii Comment. *graece.* In-8.

V. 1546. Ammonii Hermiae in Praedicamenta Aristotelis Comment. *graece*. In-8.

V. 1546. — In librum Arist. de Interpretatione : *gr.* In-8.

V. 1550–51. J. B. Camotii Comment. in primum Theophrasti Metaphysices : *gr.* In-fol.

V. 1551. Olympiodori in Meteora Aristotelis Comment. J. Grammatici Scholia in eadem : *gr. lat.* 2 vol. in-fol.

V. 1554. Pselli in Physicen Arist. Commentarii : *latine.* In-fol.

V. 1558. Syriani in Aristotelis Metaphys. Comment. *latine.* In-4.

V. 1558. Lud. Buccaferreae Explanatio in lib. 1. Physic. Arist. *lat.* In-fol.

V. 1559. In Aristotelis Topica Explanatio. *latine.* In-fol.

V. 1542. Danielis Barbari in Porphyrium Commentationes. In-4.

V. 1497. Laurentii Maioli Epiphyllides. In-4.

V. 1497. Ejusdem de Convers. proposit. Tractatus. In-4.

V. 1497. Averrois Quaestio in Arist. librum priorum. In-4.

V. 1509. Plutarchi Opuscula LXXXXII : *graece.* In-fol. moyen.

V. 1522. L. A. Senecae naturalium Quaest. libri VII. In-4.

V. 1559. Discorsi di Veniero sopra l'Etica.

V. 1560. Octav. Ferrarii de Disciplina Encyclio liber. In 4.

V. 1533. L'Anthropologia di Galeazzo Capella. In-8.

V. 1544. Isabella Sforza , della vera Tranquillità dell' Animo. In-4.

V. 1546. Le Occorrenze humane, per Nic. Liburnio. In-8.

V. *Sans date.* Bernardini Georgii Epistola de Vita solitaria et tranquilla. In-4.

V. 1585. La Vicissitudine delle Cose, di Luigi Regio, trad. da H. Cato. In-4.

V. 1592. La detta. In-4.

V. 1558. P. Haedi de Miseria humana libri v. In-4.

V. 1559. Flavii Alexii Ugonii, de Italiae et Graeciae Calamitatibus. In-4.

V. 1557. Rinaldo Odoni dell' Anima. In-4.

V. 1560. Il detto. In-4.

V. 1576. Ant. Persio, dell' Ingegno dell' huomo. In-8.

V. 1582. G. Huarte Essame degl' Ingegni. In-8.

V. 1586. Il detto. In-8.

V. 1589. Il detto. In-8. (Édition douteuse.)

V. 1590. Il detto. In-8.

V. 1501. J. Fr. Pici liber de Imaginatione. In-4.

V. 1572. Aldo Giovane, Discorso intorno all' Eccellenza delle Repubbliche. In-4.

V. 1591. Nic. Vito di Gozzi, dello Stato delle Repubbliche. In-4.

V. 1589. — Governo della Famiglia. In-8.

V. 1558. Discorso intorno alle Cose della guerra, con una Oratione della pace. In-4.

V. 1558. I dieci Circoli dell' Imperio. In-4.

V. 1558. La Bolla d' oro. In-4.

V. 1545. Discorsi di Franc. Patritij. In-8.

V. 1584. Il perfetto Gentil'huomo, descritto da Aldo Mannucci. In-4.

V. 1528. Il Cortegiano di Bald. Castiglione. In-fol.

V. 1533. Il medesimo. In-8.

V. 1538. Il medesimo. *Fed. Torresano.* In-8.

V. 1541. Il medesimo. In-8.

V. 1545. Il medesimo. In-fol.

V. 1547. Il medesimo, coll' aggiunta d' una Tavola. In-8.

V. 1590. Oracoli politici, con i Fiori degli Apoftegmi di Plutarco. In-8.

V. 1581. J. Laur. Ananias de Natura Daemonum. In-8.

V. 1589. Idem liber. In-8.

V. 1587. G. Bodino Demonomania, tr. da H. Cato. In-4.

V. 1589. La detta. In-4.

V. 1592. La detta. In-4.

V. 1589. L. Vairi de Fascino libri tres. In-8.

V. 1559. Fed. Delphinus de Fluxu et Refluxu maris. In-fol. fig.

V. 1561. Val. Faventies, de montium Origine. In-4.

V. 1535-6-8. Plinii naturalis Hist. 4 vol. in-8.

V. 1540-38. Eadem : même édition, avec les trois pre-miers titres réimprimés.

V. 1559. Eadem. In-fol.

V. 1557. P. Manutio degli Elementi, e de' loro effetti. In-4.

V. 1514. Authores Rei rusticae, Cato, Varro, Colu-mella, &c. In-4.

V. 1533. Iidem. In-4.

V. 1581. L'Agricoltura di C. Stefano, trad. da Herc. Cato. In-4.

V. 1591. La medesima. In-4.

V. 1499. Dioscorides. — Nicandri Theriaca et Alexiphar-maca : *graece*. In-fol.

V. 1518. Dioscorides : *gr*. In-4.

V. 1522-23. Nicandri Theriaca et Alexipharmaca: *gr*. In-4.

V. 1566. Marini, Discorso sull' Alicorno. In-4.

V. 1576. Andrea Bacci, del Tevere libri tre. In-4.

V. 1495. P. Bembi Aetna. In-4.

V. 1526. Hippocratis Opera : *graece*. In-fol.

V. 1550. Methodus in Aphorismos Hippocratis. In-4.

V. 1525. Galeni Opera : *graece*. 5 vol. in-fol.

V. 1528. Pauli AEginetae Opera : *gr*. In-fol.

V. 1553. Eadem, *latine*. In-8.

V. 1534. Aetii Amideni Libri medicinales : *gr*. In-fol.

V. 1547. Medici antiqui omnes, latini. In-fol.

V. 1528. Celsus, et Serenus Sammonicus. In-4.

V. 1497. Majolus de Gradibus medicinarum. In-4.

V. *Sans date*. Oribasii Sardiani Collectorum medicinalium libri XVII : *latine*. In-8.

V. 1554. Ejusdem Synopseos ad Eustathium lib. IX : *lat*. In-8.

V. 1549. Cam. Thomaii Methodus ad curandos morbo internarum partium. In-8.

V. 1589. G. Mesve libri de' i Semplici purgativi. In-8.

V. 1558. J. Pacinus de Humoris incrassatione. In-8.

V. 1497. Nic. Leonicenus de Morbo gallico. In-4.

V. 1561. Hieron. Gabucinius de Morbo comitiali. In-4.

V. 1546. Pretiosa Margarita novella de philos. lapide. In-8. fig.

V. 1557. Eadem. In-8. fig.

V. 1558. Archimedis Opera nonnulla, a Fed. Commandino lat. facta. In-fol.

V. 1499. J. Firmicus et alii veteres Astronomi : *gr. lat.* In-fol.

V. 1558. Ptolemaei Planisphaerium : *latine.* Jordani Planisphaerium ; Federici Commandini Comment. In-4.

R. 1562. Cl. Ptolemaeus de Analemmate : *latine.* In-4.

V. 1581. Censorinus de Die natali. In-8.

V. 1518. Artemidorus de Somniis : *graece.* In-8.

V. *Sans date.* Predica dei Sogni. In-8.

V. 1554. I quattro primi libri di Architettura di P. Cataneo. In-fol. fig. en bois.

V. 1567. Dell' Architettura di P. Cataneo, libri otto. In-fol. fig. en bois.

V. 1585. Brancatio nuova Disciplina, et vera Arte militare. In-fol.

BELLES-LETTRES.

V. 1561. J. Camillus de Ordine ac Methodo in scientia servandis. In-4.

V. 1495. Theodori Gazae Grammatica graeca. In-fol.

V. 1525. Eadem. In-8.

V. 1496. Thesaurus Cornucopiae et Horti Adonidis : *gr.* In-fol.

V. 1512. Chrysolorae Erotemata, etc. *graece.* In-8.

V. 1517. Eadem. In-8.

V. 1549. Eadem. In-8.

V. 1494-5. Lascaris Grammatica graeca. In-4.
V. *Sans date.* Eadem. In-4.
V. 1512. Eadem. In-4.
V. 1540. Eadem. *Expensis Fed. et Fr. Asulani.* In-8.
V. 1557. Eadem. In-8.
V. 1497. Urbani Grammatica graeca. In-4.
V. 1557. Eadem. In-8.
V. 1560. Eadem. In-8.
V. 1566. Eadem. In-8.
V. 1515. Aldi Manutii Grammaticae Institutiones graecae. In-4.
V. 1570. Nic. Clenardi Institut. linguae graecae. In-8.
V. 1502. Julii Pollucis Vocabularium : *gr.* In-fol.
V. 1514. Hesychii Dictionarium : *graece.* In-fol.
V. 1514. Suidas : *graece.* In-fol.
V. 1497. Aldi Manutii Dictionarium graecum. In-fol.
V. 1524. Idem, auctum. In-fol.
V. 1549. Magnum Etymologicum graecae linguae : *gr.* In-fol.
V. 1527. Priscianus grammaticus, &c. In-4.
V. 1501. Aldi Manutii Grammatica latina. In-4.
V. 1508. Eadem. In-4.
V. 1514. Eadem. In-4.
V. 1523. Eadem. In-4.
V. 1558. Eadem. In-8.
V. 1559. Eadem. In-8.
V. 1561. Eadem. In-8.
V. 1564. Eadem. In-8.
V. 1568. Eadem. In-8. (Édition douteuse.)
V. 1575. Eadem. In-8.
V. 1576. Eadem. In-8.
V. 1561. Aldi Manutii P. F. Orthographiae Ratio. In-8.
V. 1566. Eadem, editio auctior. In-8.
V. 1591. Eadem. In-8.
V. 1575. Epitome Orthographiae Aldi Manutii P. F. In-8.
V. 1590. Idem. In-8.

V. *Sans date.* Aldi Manutii P. F. Orthographiae Compendiolum. In-8.

V. 1557. Th. Linacri de Structura latini sermonis libri sex. In-8.

V. 1536. Laurentii Vallae Elegantiarum libri. In-4.

V. 1556. Aldo Manutio, Eleganze della lingua latina e toscana. In-8.

V. 1558. Le dette. In-8.

V. 1558. Autre édition, sous la même date. In-8.

V. 1559. Le dette. In-8.

V. 1559. Autre édition, sous la même date. In-8.

V. 1561. Le dette. In-8.

V. 1563. Le dette. In-8.

V. 1565. Le dette. In-8.

V. 1568. Le dette. In-8.

V. 1570. Le dette. In-8.

V. 1570. Le dette. *Ex Bibliotheca Aldina.* In-8.

V. 1572. Le dette. In-8.

V. 1573. Le dette. In-8.

V. 1575. Le dette. In-8.

V. 1576. Le dette. *Ex Bibliotheca Aldina.* In-8.

V. 1580. Le dette. In-8.

V. 1586. Le dette. In-12.

V. 1594. Le dette. In-8.

V. 1584. N. Frischlini Quaestiones Grammaticae. In-8.

V. 1584. Nic. Frischlini Strigilis Grammatica. In-8.

V. 1576. F. Ang. Rocca Osservazioni sulle bellezze della lingua latina. In-8.

V. 1580. Le dette. In-8.

V. 1590. Le dette. In-8.

V. 1499. Nic. Perrotti Conucopiae latinae. In-fol.

V. 1513. Eaedem. In-fol.

V. 1517. Eaedem. In-fol.

V. 1527. Eaedem. In-fol.

V. 1542. Ambr. Calepini Dictionarium. In-fol.

V. 1548. Idem. In-fol.

V. 1552. Ambr. Calepini Dictionarium. In-fol.

V. 1558. Idem. In-fol.

V. 1559. Idem. In-fol.

V. 1563. Idem. In-fol.

V. 1564. Idem. In-fol.

V. 1564. Autre édition, sous la même date. In-fol.

V. 1565. Idem. In-fol.

V. 1571. Idem. *Ex Bibliotheca Aldina.* In-fol.

V. 1573. Idem. In-fol.

V. 1576. Idem. In-fol.

V. 1577. Idem. In-fol.

V. 1579. Idem. In-fol.

V. 1581. Idem. In-fol.

V. 1583. Idem. In-fol.

V. 1541. Regole Grammaticali della volgar lingua, da
Fr. Fortunio. In-8.

V. 1545. Le dette. In-8.

V. 1552. Le dette. In-8.

V. 1521. Le Vulgari Elegantie di Nic. Liburnio. In-8.

V. 1543. Fr. Alunno Richezze della lingua volgare. In-fol.

V. 1551. Le dette, dall'autore molto ampliate. In-fol.

V. 1589. Orthographia Manutiana in tavole.

V. 1508-9. Rhetores graeci. 2 vol. in-fol. moyen.

V. 1523. Rhetores graeci, lat. versi. In-fol.

V. 1555. D. Longinus de Sublimitate : *graece.* In-4.

V. 1541. Bart. Riccius de Imitatione. In-8.

V. 1545. Idem. In-8.

R. 1562. Ant. Bernardi Institutio in Logicam. In-4.

V. 1554. Jovitae Rapicii de Numero oratorio libri v, et
Carmina. In-fol.

V. 1575. Octavianus Ferrarius de Sermonibus exotericis.
In-4.

V. 1513. Rhetorum graecorum Orationes : *graece.* 3 parties in-fol.

V. 1504. Demosthenis Orationes : *gr.* In-fol.

V. 1504. Eaedem : *gr.* editio altera. In-fol.

V. 1554. Demosthenis Orationes : *graece*. 3 vol. in–8.

V. 1549. AEschinis et Demosthenis Orationes IV : *gr. Fed. Turrisanus*. In–8.

V. 1549. Demosthenis Orationes contra Philippum, a P. Manutio latinitate donatae. In 4.

V. 1551. Eaedem. In-4.

V. 1555. Oratione di Demosthene contra la legge di Lettine. In-8.

V. 1554. Due Orationi di Eschine e di Demosthene. In-8.

V. 1557. Cinque Orationi di Demosthene, et una di Eschine. In-8.

V. 1503. Ulpiani Enarrationes in Demosthenem : *gr.* In-fol.

V. 1527. Eaedem : *gr.* In-fol.

V. 1534. Isocrates, Alcidamas, Gorgias, Aristides, Harpocration : *gr.* In-fol.

V. 1549. Platonis, Thucydidis et Demosthenis Orationes funebres : *graece*. In-8.

V. *Sans date*. Dionis Chrysostomi Orationes LXXX : *graece*. In-8.

V. 1582–83. Cicero, cum Mannucciorum Commentariis. 10 vol. in-fol.

V. 1514. Ciceronis Libri Oratorii. In-4.

V. 1521. Iidem. In 4.

V. 1533. Iidem. In-4.

V. 1546. Iidem. In-8.

V. 1550. Iidem. 2 vol. in-8.

V. 1554. Iidem. 2 vol. in-8.

V. 1559. Iidem. 2 vol. in-8.

V. 1564. Iidem. 2 vol. in-8.

V. 1569. Iidem. 2 vol. in-8.

V. 1569. Iidem. *Ex Bibl. Aldina*. 2 vol. in-8.

V. 1583. Iidem, cum Comm. Aldi Mannuccii P. F. 2 vol. in-fol.

V. 1519. Ciceronis Orationes. 3 vol. in-8.

V. 1540–41. Eaedem. 3 vol. in-8.

V. 1546. Ciceronis Orationes, 3 vol. in-8.
V. 1550. Eaedem. 3 vol. in-8.
V. 1554. Eaedem. 3 vol. in-8.
V. 1559. Eaedem. 3 vol. in-8.
V. 1562. Eaedem. 3 vol. in-8.
V. 1565. Eaedem. 3 vol. in-8. (Édition très douteuse.)
V. 1569. Eaedem. 3 vol. in-8.
V. 1570. Eaedem. *Ex Bibl. Aldina.* 3 vol. in-8.
V. 1578-79. Eaedem, cum. Com. P. Manutii. 3 vol. in-fol.
V. 1572. Ciceronis Orationes in Antonium, cum Comm. P. Manutii. In-8.
V. 1502. Ciceronis Epistolae ad familiares. In-8.
V. 1512. Eaedem. In-8.
V. 1522. Eaedem. In-8.
V. 1533. Eaedem. In-8.
V. 1540. Eaedem. In-8.
V. 1543. Eaedem. In-8.
V. 1546. Eaedem. In-8.
V. 1548. Eaedem. In-8.
V. 1552. Eaedem. In-8.
V. 1554. Eaedem. In-8.
V. 1556. Eaedem. In-8. (Édition douteuse.)
V. 1560. Eaedem. In-8.
V. 1562. Eaedem. In-8.
V. 1566-67. Eaedem. In-8.
V. 1571. Eaedem. In-8.
V. 1575. Eaedem. In-8.
V. 1576. Eaedem. In-8.
V. 1579. Eaedem. In-fol.
V. 1582. Eaedem. In-fol.
V. 1592. Eaedem. In-fol.
V. 1592. Eaedem. In-8.
V. 1513. Ciceronis Epistolae ad Atticum In-8.
V. 1521. Eaedem. In-8.
V. 1540. Eaedem. In-8.
V. 1542. Eaedem. (Édition douteuse.)

V. 1544. Ciceronis Epistolae ad Atticum. In-8.
V. 1548. Eaedem. In-8.
V. 1551. Eaedem. In-8.
V. 1554-55. Eaedem. In-8.
V. 1558-59. Eaedem. In-8.
V. 1561. Eaedem. In-8.
V. 1563. Eaedem. In-8.
V. 1564. Eaedem. In-8.
V. 1567. Eaedem. In-8.
V. 1570. Eaedem. In-8.
V. 1570. Eaedem. *Ex Bibl. Aldina.* In-8.
V. 1582. Eaedem , c. Comm. P. Manutii. In-fol.
V. 1523. Ciceronis Opera philosophica. 2 vol. in-8.
V. 1541. Eadem. 2 vol. in-8.
V. 1546. Eadem. 2 vol. in-8.
V. 1552. Eadem. 2 vol. in-8.
V. 1555-56. Eadem. 2 vol. in-8.
V. 1560. Eadem. 2 vol. in-8.
V. 1562. Eadem. 2 vol. in-8.
V. 1565. Eadem. 2 vol. in-8.
V. 1583. Eadem , cum Comm. Aldi Manucii P. F. 2 vol.
    in-fol.
V. 1517. Ciceronis Officiorum lib. III. Cato Major, Lae-
    lius , etc. In-8.
V. 1519. Iidem. In-8.
V. 1541. Iidem. In-8.
V. 1545. Iidem. In-8.
V. 1548. Iidem. In-8.
V. 1548. Iidem , cum Comment. In-fol.
V. 1552. Iidem. In-8.
V. 1555. Iidem. In-8.
V. 1559. Iidem. In-8.
V. 1561. Iidem. In-8.
V. 1564. Iidem. In-8.
V. 1567. Iidem. In-8.
V. 1570. Iidem. *Ex Bibl. Aldina.* In-8.

V. 1581. Iidem , cum Comm. Aldi Manuccii P. F. in-fol.

V. 1592. Iidem. In-8.

V. 1554. Oratione di Cicerone , in difesa di Milone; trad. da G. Bonfadio. In-8.

V. 1556. Le Filippiche di Cicerone, trad. da G. Ragazzoni. In-4.

V. 1545. Epistole famigliari di Cic. , (trad. da Guido Lolgio.) In-8.

V. 1545. Le dette , con molto studio rivedute e corrette. In-8.

V. 1548. Le dette. In-8.

V. 1549. Le dette. In-8.

V. 1551. Le dette. In-8.

V. 1552. Le dette. In-8.

V. 1554-55. Le dette. In-8.

V. 1559. Le dette. In-8.

V. 1563. Le dette. In-8.

V. 1566. Le dette. In-8.

V. 1573. Le dette. In-8.

V. 1556. Le Pistole di Cicerone a Bruto, trad. da Ant. Maggi. In-8.

V. 1555. Le Pistole di Cicerone ad Attico , trad. da M. Senarega. In-8.

V. *Sans date*. Le dette. In-8.

V. 1557. Le dette. In-8.

V. 1569. Le dette. In-8.

R. 1588. Instruttione di Cicerone a Quinto il fratello , trad. da Aldo Man. In-12.

V. 1546. In libros Cicer. de arte Rhetorica Commentarii. In-fol.

V. 1551. Iidem. In-fol.

V. 1561. Iidem. In-fol.

V. 1522. Asconius Pedianus in Cicer. Orationes. In-8.

V. 1547. Idem. In-8.

V. 1553. Idem. In-8.

V. 1563. Idem. In-8.

V. 1547. In Ciceronis Orationes Doct. viror. Lucubratio-
nes. In–fol.

V. 1552. Eaedem. In–fol.

V. 1558. Bern. Lauredani in Orat. de Lege agraria Comment. In–4.

V. 1542. Hieron. Ferrarii Emendationes in Cicer. Philip-
picas. In–8.

V. 1556. P. Manutii in Orat. pro Sextio Comment. In-8.

V. 1559. Idem. In–8.

R. 1572. Ejusdem in Orat. pro Archia poeta Comment.
In–4.

V. 1549. Fr. Priscianensis Observ. in Cicer. Epistolas. In-8.

V. 1555. Hier. Ragazzonii Comment. in Cic. Epist. ad
familiares. In–8.

V. 1547. P. Manutii Comment. in Epist. ad Atticum.
In–8.

V. 1553. Idem. In–8.

V. 1557. Idem. In–8.

V. 1561. Idem. In–8.

V. 1568. Idem. In–8.

V. 1572. Idem. In–8.

V. 1557. P. Manutii in Epist. ad Brutum Comment. In-8.

V. 1562. Idem. In-8.

V. 1570. Nizolii Thesaurus Ciceronianus. In–fol.

V. 1576. Idem. In–fol.

V. 1591. Idem. In–fol.

V. 1570. Ciceronis Epitheta a P. J. Nunnesio collect. In 8.

V. 1570. Locutioni dell' Epistole di Cicerone. In–8.

V. 1573. Le dette. In–8.

V. 1575. Le dette. In–8.

V. 1582. Le dette. In–8.

V. 1587. Le dette. In–12.

V. 1594. Le dette. In–8.

V. 1546. Ciceronis Defensiones contra Calcagninum, per
Jac. Grifolum. In–8.

V. 1514. Quintilianus. (Institut. Orat.) In–4.

V. 1521. Idem Quintilianus. In–4.

V. 1498. J. Reuchlin ad Alex. vi Oratio. In–8.

V. 1501. Bern. Justiniani ad Lud. xi Oratio. In–4.

V. 1501. Hieronymi Donati ad Christianissimum Regem Oratio. In–8.

V. 1502. J. B. Egnatii Oratio in laudem B. Prunuli. In-8.

V. 1504. Scip. Carteromachi Oratio. In–8.

V. *Sans date.* Christ. Longolii Defensiones duae. In–8.

V. 1545. Bernardini Parthenii pro lingua latina Oratio. In-4.

V. 1546. Ferdin. Abduensis Oratio et Epigrammata. In–8.

V. 1548. P. Paschalii in Maulii Parricidas Actio. In–8.

V. 1551. Vict. Fausti Orationes quinque. In–4.

V. 1552. Adeodati Senensis Theol. Oratio habita in Concilio Trid. In–4.

V. 1554. Bern. Lauredani Oratio in funere Ant. Trivisani. In–4.

V. 1552. Lud. Pariseti ad Regienses Orationes tres. In-8.

V. 1559. Eaedem. In–8.
> C'est l'édition de 1552, avec un nouveau titre.

V. 1557. Jac. Grifoli Orationes. In–4.

V. 1555. Ant. Mureti Orationes tres. In–4.

V. 1575. Mureti Orationes et Carmina. In–8.

V. 1576. Eadem. In–8.
> C'est la même édition, avec une autre date.

V. 1555. C. Sigonii pro Eloquentia Orationes iiii. In–4.

V. 1560. C. Sigonii Orationes septem. In–4.

B. 1556. Mich. Th. Taxaquetii Orationes duae. In–4.

V. 1558. Hier. Faleti Orationes iii. In–fol.

V. 1559. Orationes in funere clarorum virorum. In–4.

V. 1561. J. Sadoleti et B. Campegii Orationes duae. In–4.

V. 1561. J. B. Pignae in funere Francisci ii Oratio. In-4.

V. 1564. Val. Palermi Orationes duae, et pastorale Carmen. In–4.

V. 1572. Raph. Cyllenii Angelii Orationes. In–8.

V. 1578. Aldi Manutii Oratio in funere B. Rottarii. In–4.

B. 1585. Aldi Manutii P. F. Oratio ad Sixtum v. In–fol.

B. 1585. Oratione di Aldo Manutio a Sixto v. In–4.

Pisis. 1587. Aldi Man. P. F. Oratio de Fr. Medices Laudibus. In–4.

Florentiae. 1587. Eadem. In–4.

R. 1589. De Bononiae Laudibus, B. Morandi Oratio. In–4.

V. 1536. Aristotelis Poetica : *gr. lat.* In–8.

V. 1503. Florilegium Epigrammatum : *gr.* In–8.

V. 1521. Idem. *gr.* In–8.

V. 1550–51. Idem. *gr.* In–8.

V. 1504. Homerus. *gr.* 2 vol. in–8.

V. *Sans date.* La même édition, dont les exemplaires sur vélin et quelques-uns sur papier, n'ont point de de date.

V. 1517. Idem. 2 vol. in–8.

V. 1524. Idem. 2 vol. in–8.

V. 1521. Didymus et Porphyrius in Homerum : *gr.* In–8.

V. 1528. Didymus in Odysseam : *gr.* In–8.

V. *Sans date.* Quintus Calaber, Tryphiodorus, Coluthus : *gr.* In–8.

V. 1495. Theocritus, Hesiodus, etc. *gr.* In–fol.

V. 1555. Moschi, Bionis, Theocriti Idyllia aliquot, ab Henr. Stephano lat. facta. In–4.

V. 1513. Pindarus, Callimachus, Dionysius, Lycophron : *gr.* In–8.

V. 1521. Apollonius Rhodius : *gr.* In–8.

V. 1517. Oppianus : *gr. lat.* In–8.

V. *Sans date.* Musaeus de Herone et Leandro : *gr. lat.* In–4.

V. 1517. Musaeus : *gr. lat.* Orpheus : *gr.* In–8.

V. 1504. Greg. Nazanzeni Carmina : *gr. lat.* In–4.

V. *Sans date.* Nonni Paraph. in Evang. sec. Joannem : *gr.* In–4.

V. *Sans date*. Galéomyomachia : *gr*. In-4.

V. 1518. AEschylus : *gr*. In-8.

V. 1502. Sophocles : *gr*. In-8.

V. 1503. Euripides : *gr*. 2 vol. in-8.

V. 1507. Eurip. Hecuba et Iphigenia in Aulide , ab Erasmo lat. versae. In-8.

V. 1498. Aristophanis Comoediae, cum Scholiis : *gr*. In-fol.

V. 1534. Poetae tres egregij , Gratius , Nemesianus , Calphurnius, &c. In-8.

V. 1501-2. Poetae christiani veteres : Prudentius, Sedulius , Juvencus , &c. 2 vol. in-4.

V. 1517. Veterum Poetarum in Priapum Lusus , &c. In-8.

V. 1534. Idem. In-8.

V. 1500. Lucretius. In-4.

V. 1515. Idem. In-8.

V. 1502. Catullus, Tibullus, Propertius. In-8.

V. 1515. Iidem. In-8.

V. 1558. Iidem, cum notis Mureti. In-8.

V. 1562. Iidem. In-8.

V. 1554. Catullus, cum Comment. Mureti. In-8.

V. 1564. Catullus. In-8. (Édition très douteuse.)

V. 1566. Catullus, cum Comment. Achillis Statii. In-8.

V. 1567. Tibullus, cum Comment. Achillis Statii. In-8.

V. 1501. Virgilius. In-8.

V. 1505. Idem. In-8.

V. 1514. Idem, edente Naugerio. In-8.

V. 1527. Idem. In-8.

V. 1541. Idem. In-8.

V. 1545. Idem. In-8.

V. 1553. Idem. In-8.

V. 1555. Idem. In-8.

V. 1558. Virgilius, cum notis P. Manutii. In-8.

V. 1560. Idem. In-8.

V. 1563. Idem. In-8.

V. 1567. Virgilius, cum notis P. Manutii. In-8.

V. 1576. Idem, cum notis J. A. Meyen. In-8.

V. 1580. Idem. In-8.

V. 1585. Idem. In-8, fig.

V. 1587. Idem. In-8.

V. 1542. Il Libro ottavo de la Eneide, trad. da Giov. Giustiniano. In-8.

V. 1501. Horatius. In-8.

V. 1509. Idem. In-8.

V. 1519. Idem. In-8.

V. 1527. Idem. In-8.

V. 1555. Idem, cum notis Aldi et Mureti. In-8.

V. 1559. Idem. In-8.

V. 1561. Idem. In-8.

V. 1564. Idem, cum notis Aldi, Mureti, et Mich. Bruti. In-8.

V. 1566. Idem. In-8.

V. 1566. Idem, cum notis D. Lambini. In-4.

V. 1570. Idem, cum notis Mureti et Bruti. In-8.

V. 1570. Idem, cum iisdem notis. *Ex Bibl. Aldina.* In-8.

V. 1585. Idem, cum Comm. B. Parthenii. In-4.

V. 1594. Idem. In-8.

B. 1586. De Laudibus Vitae rusticae Ode Horatii ab Aldo Manuccio explicata. In-4.

V. 1546. Fr. Pedimontii in Horat. Art. poetic. Ecphrasis. In-4.

V. 1553. Jas. de Nores in Horatii Art. poet. Interpretatio. In-8.

V. 1553. La même édition, avec le nom de Andr. Arrivabene. In-8.

V. 1554. Fr. Luisini in Horatii Artem poet. Comm. In-4.

V. 1576. In Horatii libr. de Arte poetica Aldi Man. P. F. Commentarius. In-4.

V. 1502-3. Ovidii Opera. 3 vol. in-8.

V. 1515-16. Ovidii Opera. 3 vol. in-8.

V. 1533-34. Eadem. 3 vol. in-8.

V. 1515. Ovidii Libri Amatorii. In-8. (Édit. des Junte.)

V. 1583. Ovidii Heroidum Epistolae, cum Scholiis. In-8.

V. 1588. Eaedem. In-8.

V. 1575. Herc. Ciofani in Ovidii Metamorph. Observationes. In-8.

V. 1580. Ejusdem Scholia in Ovidii Halieuticon. In-8.

V. 1502. Lucanus. In-8.

V. 1515. Idem. In-8.

V. 1523. Valerius Flaccus; Orphei Argon. *latine.* In-8.

V. 1523. Silius Italicus. In-8.

V. 1502. Statius. In-8.

V. 1519. Idem. In-8.

V. 1501. Juvenalis et Persius. In-8.

V. 1501. Iidem : réimpression postérieure de plusieurs années. In-8.

V. 1535. Iidem. In-8.

V. 1501. Martialis. In-8.

V. 1517. Idem. In-8.

V. 1517. Ausonius. In-8.

V. 1523. Claudianus. In-8.

V. 1522. Plautus. In-4.

V. 1517. Terentius. In-8.

V. 1521. Idem. In-8.

V. 1541. Idem. In-8.

V. 1545. Idem. In-8.

V. 1553. Idem. In-8.

V. 1555. Idem, cum notis Ant. Mureti. In-8.

V. 1558–59. Idem, cum ejusdem notis. In-8.

V. 1560. Idem. In-8.

V. 1561. Idem. In-8.

V. 1563. Idem. In-8.

V. 1565. Idem. In-8.

V. 1566. Idem. In-8.

V. 1570. Idem. In-8.

V. 1570. Idem, cum Comment. V. Cordati. *Ex Bibl. Aldina.* In-8.

V. 1575. Terentius, cum Scholiis Mureti. In-8.

V. 1588. Idem. In-8.

V. 1593. Idem. In-8.

V. 1545. L'Andria, et l'Eunucho di Terentio, trad. da Giustiniano. In-8.

V. 1546. Le Comedie di Terentio volgari. In-8.

V. 1585. Aldo Mannucci, Locutioni di Terentio. In-8.

V. 1517. Senecae Tragoediae. In-8.

V. *Sans date.* Aldi Manucii ad Leonellum Pium Paraenesis. In-4.

V. *Sans date.* Aldi Manucii Musarum Panagyris. In-4.

V. 1505. Pontani Carminum tomus prior. In-8.

V. 1513. Idem. In-8.

V. 1533. Idem. In-8.

V. 1518. Ejusdem Carm. tomus alter. In-8.

V. 1504. Cimbriaci poetae Encomiastica ad Federicum, &c. In-8.

V. 1505. Adriani Cardinalis Venatio. In-8.

V. 1505. J. Aurelius Augurellus. In-8.

V. 1513. Strozii poetae Pater et Filius. In-8.

V. 1527. Sannazarii Carmina. In-8.

V. 1528. Eadem. In-8.

V. 1533. Eadem. In-8.

V. 1535. J. Sannazarii Opera omnia (poetica) latine scripta. In-8.

V. 1570. Eadem. *Ex Bibl. Aldina.* In-8.

V. 1529. J. Cottae Carmina ; Sannazarii Ode, Elegia, &c. In-8.

Sans nom d'imprimeur, et point d'édition aldine.

V. 1538. Bern. Georgii de Paulo III. Opuscula. In-4.

V. 1558. Ejusdem Epitaphia et Epigrammata. In-4.

V. *Sans date.* Même édition que la précédente. In-4.

V. 1559. Bern. Georgii Periocha in publicas solemnitates. In-8.

V. 1546. Scip. Capicii Carmina. In-8.

V. 1550. Domitii Marini Carmina. In-8.

V. 1550–51. Lud. Pariseti Theopeiae libri sex. In-8.

V. 1553. Ejusdem Pausithea. In-8.

V. 1551. Natalis Comitum de Venatione libri IIII. In-8.

V. 1554. Nic. Liburnii Epithalamium. In-4.

V. 1556. Bern. Tomitani Clonicus. In-8.

V. 1556. Ejusdem Corydon. In-8.

V. 1557. Hier. Faletus de Bello Sicambrico, &c. In-4.

V. 1558. Gregorii Corrari Progne, tragoedia. In-4.

V. 1559. J. Sadoleti et F. Sfondrati Poemata duo. In-4.

V. 1564. Faustini Amici Bassanensis Epistola. In-4.

R. 1573. Ad J. Boncompagnum H. Capiluppi Versus. In-4.

V. 1583. Germani Audeberti Venetiae. In-4.

V. 1585. Scipii Gentilis Solymeidos libri duo priores. In-4.

Lucae. 1588. Lepidi Philodoxios : Fabula ab Aldo Manuccio edita. In-8.

R. 1592. Aldi Manuccii Carmen de Clemente VIII. In-4.

V. 1502. Dante. In-8.

V. 1515. Dante. In-8.

V. 1501. Petrarca. In-8.

V. 1514. Il medesimo. In-8.

V. 1521. Il medesimo. In-8.

V. 1533. Il medesimo. In-8.

V. 1546. Il medesimo. In-8.

V. 1541. Stanze di Ang. Politiano. In-8.

V. 1514. Arcadia del Sannazaro. In-8.

V. 1534. La medesima. In-8.

V. 1534. Sonetti e Canzoni del Sannazaro. In-8.

V. 1545. Orlando furioso di L. Ariosto. In-4.

V. 1553. Stanze pastorali di Bald. Castiglione, e le Rime di G. Corso. In-8.

V. 1554. Poesie volgari di Lorenzo de' Medici. In-8.

B. 1557. Ant. Castellani Stanze in lode delle donne di Faenza. In-4.

V. 1557. Sonetti morali di P. Massolo. In-8. –

V. 1569. Rime di Annibal Caro. In-4.

V. 1572. Le dette. In-4.

V. 1581. Rime e Prose di T. Tasso. In-8.

V. 1582. Le dette; parte prima e parte seconda. In-12.

V. 1583. Le dette. In-12, fig. en bois.

V. 1585. Aggiunta alle Rime e Prose di T. Tasso. In-12.

V. 1589. Rime di Savino Bobali Sordo. In-4.

V. 1543. Orbecche, tragedia di G. Batt. Giraldi Cinthio.
In-8.

V. 1547. Didone, tragedia di Lod. Dolce. In-8.

V. 1549. Giocasta, tragedia di Lod. Dolce. In-8.

V. 1549. Fabritia, comedia di Lod. Dolce. In-8.

V. 1550. Comedia del Sagrificio degli Intronati. In-8.

V. 1570. Nic. Guidani, Eustachia, comedia. In-8.

V. 1582. Gli Straccioni, comedia di Ann. Caro. In-12.

V. 1589. Gli detti. In-12.

V. 1580. Aminta, di T. Tasso. In-8.

V. 1581. Il detto. In-8.

V. 1583. Il detto. In-12, fig. en bois.

V. 1589. Il detto. In-12, fig. en bois.

V. 1590. Il detto. In-4, fig. en bois.

V. 1597-8. Dom. Slatarich, Elektra, Gliubmir, Pirama I
Tisbe, &c. in lingua Schiava. In-4, fig.

V. 1585. Calestri, tragedia di Carlo Turco Asolano.
In-8.

V. 1585. Agnelle, comedia del medesimo. In-8.

V. 1505. Aesopi et Gabriae Fabellae, *gr. lat.* &c. In-fol.

V. 1521. Apuleius. In-8.

V. 1522. Il Decamerone di Boccaccio. In-4.

V. 1499. Polyphili Hypnerotomachia. In-fol., fig.

V. 1545. Eadem, sub hoc titulo : La Hypnerotomachia
di Poliphilo. In-fol., fig.

V. 1538. Tirante il Bianco. *Fed. Torresano.* In-4.

V. 1558-60. Gli egregi fatti del re Meliadus. In-8.

V. 1559. La Seconda parte delle Prodezze del re Meliadus.
In-8.

V. 1514. Athenaeus : *graece*. In-fol.

V. 1515. Aulus Gellius. In-8.

V. 1528. Macrobius , Censorinus. In-8.

V. 1516. Lud. Coelii Rhodigini Lectiones antiquae. In-fol.

V. 1557. Car. Sigonii Emendationum libri duo. In-4.

V. 1590. Jac. Pontani Progymnasmata. In-8.

V. 1515. Erasmi Moria , id est, Stultitia. In-8.

V. 1508. Erasmi Adagia. In-fol.

V. 1520. Eadem. In-fol.

Florentiae. 1575. Adagia A. P. Manutio expurgata. In-fol.

V. 1578. Eadem. In-4.

V. 1585. Eadem. In-4.

V. 1577. Apophthegmatum libri iix , a P. Manutio expurgata. In-12.

V. 1546. Andreae Alciati Emblemata. In-8 , fig.

B. 1556. Gav. Sambigucii in Hermathenam Bocchiam Interpretatio. In-4.

V. 1503. Lucianus , Philostrati Icones , &c. *gr.* In-fol.

V. 1522. Eadem : *gr.* In-fol.

V. 1516. Luciani Opuscula : *latine*, Erasmo interprete. In-8.

V. 1498. Ang. Politiani Opera. In-fol.

V. 1501. Georgius Valla de expetendis et fugiendis rebus. 2 vol. in-fol.

V. 1518–19. J. Jov. Pontani Opera soluta orat. composita. 3 vol. in-4.

V. 1518. Erasmi Opuscula. In-8.

V. 1562. M. A. Nattae Orationes et Opuscula. In-fol.

V. 1564. Ejusdem Opuscula alia. In-fol.

V. 1565. P. Bizzari Opuscula. In-8.

V. 1578. Gasp. Contareni Opera. In-fol.

V. 1540. Nic. Machiavelli Historie Fiorentine. In-8.

V. 1546. — Le medesime. In-8.

V. 1552. — Le medesime. In-8.

V. 1540. — Libro dell' Arte della Guerra. In-8.

V. 1546. — Il detto. In-8.

V. 1540. — Il Prencipe — Vita di Castruccio Castracane, &c. In-8.

V. 1546. — I detti. In-8.

V. 1540. — Discorsi sopra la prima deca di Tito Livio.
In-8.

V. 1546. — I detti. In-8.

V. 1505. Asolani di P. Bembo. In-4.

V. 1515. I detti. In-8.

V. 1541. Dialoghi di Amore, di Leone medico. In-8.

V. 1545. I detti. In-8.

V. 1549. I detti. In-8.

V. 1552. I detti. In-8.

V. 1558. I detti. In-8.

V. 1588. Dav. de Pomis Enarratio Apolog. de Medico
Hebraeo. In-4.

V. 1542. Dialoghi di Sperone Speroni. In-8.

V. 1543. — I detti. In-8.

V. 1544. — I detti. In-8.

V. 1546. — I detti. In-8.

V. 1546. — Autre édition, sous la même date. In-8.

V. 1550. — I detti. In-8.

V. 1552. — I detti. In-8.

V. 1499. Epistolarum graecarum Collectio. 2 vol. in-4.

V. 1570. Bruti Epistolae a J. Scarpa latinae factae. In-8.

V. 1508. Plinii Epistolae. In-8.

V. 1518. Eadem. In-8.

V. 1556. Epistolae clarorum virorum. In-8.

V. 1538. Bern. Georgii Epistolae aliquot. In-4.

V. 1553. Lud. Pariseti junioris Epistolarum posteriorum
libri tres. In-8.

V. 1558. Pauli Manutii Epistolae et Praefationes. In-8.

V. 1560. Pauli Manutii Epist. libri IIII et Praefationes.
In-8.

V. 1561. Earumdem libri v. In-8.

V. 1569. Earumdem libri vIII. In-8.

V. 1571. Earumdem libri x. In-8.

V. 1573. Pauli Manutii Epist. libri xi. In-8.

V. 1580. Earumdem libri xii. In-8.

V. 1580. Autre édition, sous la même date. In-8.

V. 1590. Eaedem. In-8.

V. 1570. Franc. Sirenae Epistola ad Nic. Ormanetum. In-4.

V. 1570. Ejusdem Epist. ad Jac. Foscarenum. In-4.

V. 1542. Lettere volgari di diversi nobilissimi huomini. Libro primo. In-8.

V. 1543. Le dette. In-8.

V. 1544. Le dette. In-8.

V. 1545. Le dette. In-8.

V. 1546. Le dette. In-8.

V. 1548. Le dette. In-8.

V. 1549-50. Le dette. In-8.

V. 1551. Le dette. In-8.

V. 1553. Le dette. In-8.

V. 1554. Le dette. In-8.

V. 1560. Le dette. In-8.

V. 1545. Le dette. Libro secondo. In-8.

V. 1545. Autre édition, sous la même date. In-8.

V. 1546. Le dette. In-8.

V. 1548. Le dette. In-8.

V. 1549. Le dette. In-8.

V. 1550. Le dette. In-8.

V. 1551. Le dette. In-8.

V. 1553. Le dette. In-8.

V. 1554. Le dette. In-8.

V. 1556. Le dette. In-8.

V. 1560. Le dette. In-8.

V. 1564. Le dette. Libro primo e secondo, con la giunta d'un terzo. 3 vol. in-8.

V. 1567. Le dette. 3 vol. in-8.

V. 1500. Epistole di Sancta Catharina da Siena. In-fol.

V. 1548. Le dette. *Fed. Torresano.* In-4.

V. 1550-51. Lettere di P. Bembo. Volume secondo. In-8.

V. 1582. Lettere facete raccolte da D. Atanagi e F. Turchi.
2 vol. in–8. *Fabio e Agostino Zopini.*

V. 1556. Tre libri di Lettere volgari di P. Manutio. In–8.

V. 1560. Le dette, in quattro libri. In–8.

R. 1592. Lettere volgari di Aldo Mannucci. In–4.

V. 1572. Lettere familiari di A. Caro. Tomo primo. In–4.

V. 1574. Le dette. Tomo primo. In–4.

V. 1575. Le dette. Tomo secondo. In–4.

HISTOIRE.

V. 1516. Strabo de Situ orbis : *gr.* In–fol.

V. 1502. Stephanus de Urbibus : *gr.* In–fol.

V. 1518. Pomp. Mela, Julius Solinus, Antonini Itinera-
rium, etc. In–8.

V. 1590. Discorso di Cosmographia in dialogo. In–8.

V. 1595. Il detto. In–8.

V. 1547. Isolario di Bened. Bordone. *Fed. Torresano.*
In–fol.

R. 1596. Petri et Paulli Manucc. Transsilvaniae Descrip-
tio. In–4.

V. 1543. Viaggi alla Tana, in Persia, etc. In–8.

V. 1545. I detti. In–8.

V. 1576. P. Clarantis Epitome in libr. de Paschatis Chronologia. In–4.

V. *Sans date.* Exemplaires de la précédente édition.

V. 1522. Justinus ; Aemylius Probus. In–8.

V. 1581. De Vitis Sanctorum ab Aloysio Lipomano scrip-
tis, et a F. L. Surio emendatis et auctis. 6 vol. in-fol.

V. 1591. Conversio et Passio Afrae, Hilariae, Dignae, etc.
a M. Velsero. In–4.

V. 1558. Ordine de Cavalieri del Tosone. In–4.

V. 1502. Herodotus : *gr.* In–fol.

V. 1502. Thucydides : *gr.* In–fol.

V. 1560. Dion. Halicarnassei de Thucyd. Hist. Judicium :
lat. In–4.

V. 1525. Xenophontis Opera : *gr.* In–fol.

V. 1503. Xenophontis Omissa, Hist. graeca. Gemistus, Herodianus, etc. *gr.* In–fol.

V. 1503. Gemistus, Herodianus, etc. *gr.* In–fol.

V. 1516. Pausanias : *gr.* In–fol.

V. 1520. Quintus Curtius. In–8.

V. 1518–19–20–21–33. Titus Livius, Florus, Polybius. 5 vol. in–8.

V. 1520–21. Titus Livius, Florus, Polybius. In–fol.

V. 1555. T. Livius, cum Scholiis Sigonii. In–fol.

V. 1566. Idem. In–fol.

V. 1571. Idem. In–fol.

> Sans doute la même que la suivante.

V. 1572. Idem. In–fol.

V. 1591. Idem. In–fol.

> S'il existe des exemplaires ainsi datés, ils sont de même édition que les suivants de 1592.

V. 1592. Idem. In–fol.

V. 1555. Car. Sigonii Fasti consulares. In–fol.

V. 1556. Iidem, cum Commentario. In–fol.

V. 1556. La même édition, avec le nom et la marque de Giord. Zileti. In–fol.

R. 1601. Aldo, Discorsi sopra Tito Livio. In–8.

V. 1571. Velleius Paterculus, c. Scholiis Aldi Manutii. P. F. In–8.

V. 1509. Sallustius. In–8.

V. 1521. Idem. In–8.

V. 1557. Idem. In–8.

V. 1560. Idem. In–8.

R. 1563. Idem. In–8.

V. 1563. Idem. In–8.

V. 1564. Idem. In–8. (Édition très douteuse.)

V. 1567. Sallustius. In–8.

V. 1573. Idem. In–8.

V. 1577. Idem. In–8.

V. 1588. Idem. In–8.

V. 1545. Appiano Alessandrino, trad. da Aless. Braccio.
    3 parties in–8.

V. 1551. Il detto. 3 parties in–8.

V. 1513. J. Caesaris Commentaria. In–8.

V. 1519. Eadem. In–8.

V. 1559. Eadem. In–8.

V. 1561. Eadem. In–8.

V. 1564. Eadem, cum Scholiis Mich. Bruti. In–8.

V. 1565. Eadem. In–8. (Édition très douteuse.)

V. 1566. Eadem. In–8.

V. 1569. Eadem. *Ex Bibl. Aldina.* In–8.

V. 1570. Eadem. In–8.

V. 1571. Eadem. In–8.

V. 1575. Eadem. In–8.

V. 1576. Eadem. In–8.
    La même édition que celle de 1575, avec une nouvelle date.

V. 1588. Eadem. In–8.

V. 1547. Commentarii di Caio Giulio Cesare. In–8.

V. 1556. I detti. In–8.

V. 1534. Tacitus. In–4.

V. 1516. Suetonius, Aurelius Victor, Eutropius, edente
    Egnatio. In–8.

V. 1521. Iidem. In–8.

V. 1546. Vita di Marco Aurelio imperadore. In–8.

V. 1516. Historiae Romanae Scriptores, edente Egnatio.
    In–8.

V. 1519. Iidem. In–8.

V. 1524. Herodianus : *gr. lat.* In–8.

V. 1589. Gasp. Contarenus de Republica et Magistratibus
    Venetorum. In–4.

V. 1591. Republica et Magistrati di Venetia, di Gasp.
    Contarini. In–8.

V. 1551. P. Bembi Historia Veneta. In–fol.

V. 1547. Bern. Georgii Epitome Princip. Venetorum. In–4.

B. 1586. Aldo Mannucci, Vita di Cosimo de' Medici.
    In–fol.

R. 1599. Aldo Mannucci, Vita di Castruccio Castracane. In–4.

V. 1572. Hieron. Rubei Historia Ravennatensis. In–fol.

R. 1565. Camillo Persio, Congiura de' Baroni contro Ferdinando 1. In–4.

V. *Sans date.* Alex. Benedicti Paeantii Diaria de bello Carolino. In–4.

V. 1575. Vita di Carlo v, da Alf. Ulloa. In–4.

V. 1542. Caroli v Expeditio in Africam. *Franc. Torr. de Asula.* In–8.

V. 1594. M. Velseri rerum August. Vindelic. Libri octo. In–fol. fig.

V. 1558. Historia delle cose occorse nel regno d'Inghilterra. In–8.

V. 1595. Vinc. Pribevo Origine et successi degli Slavi. In–4.

V. 1539. Libri tre delle cose de Turchi. In–8.

V. 1541. P. Giovio, delle cose de Turchi. Gambini Vita di Scanderberg. In–8.

V. 1502. La Vita et Sito de' Zichi. In–8.

V. 1502. Les mêmes, en lettres gothiques. In–8.

V. 1571. Ric. Streinnius de Gentibus et Familiis Romanorum. In–4.

V. 1591. R. Streinnius de Gentibus et Familiis Romanorum. In–8.

V. 1565. Jac. Taurelli exquisitior Patronymia. In–4.

V. 1590. M. Velseri Inscriptiones antiquae Aug. Vindelic. In–4.

V. 1591. Fragmenta Tabulae antiquae ex Peutingerorum Bibliotheca. In–4. fig. en bois.

V. 1560. Aeneae Vici Comment. in Imper. Rom. numismata. In–4. fig.

V. 1562. Idem. In–4. fig.

V. 1558. Augustarum Imagines et Vitae, ab Aenea Vico. In–4. fig.

V. 1522. G. Budaeus de Asse. In–4.

V. 1557. P. Manutii Antiq. Rom. Liber de Legibus.
In–fol.

V. 1557. Ejusdem altera editio, paulo auctior. In–fol.

V. 1559. Idem, cum indice. In–8.

V. 1569. Idem. In–8.

V. 1581. Antiq. Roman. Paulli Manuccii Liber de Senatu.
In–4.

R. 1585. Antiq. Roman. Paulli Manuccii Liber de Civitate
Romana. In–4.

B. 1585. P. Manutius de Comitiis Romanorum. In–fol.

V. 1573. Luc. Paetus de Mensuris et Ponderibus Romanorum. In–fol. fig.

V. 1573. Idem. In–4. fig.

V. 1576. Aldus, de Quaesitis per Epistolam. In–8.

V. *Sans date.* Aldo Manuccio Illustratione di un lapide di
Gordiano. In–4.

R. 1562. Matth. Curtius de Prandio. In–4.

R. 1566. Idem. In–8.

V. 1498. Catalogus librorum ab Aldo impressorum.
Feuille in–folio.

V. 1503. Secundus ejusdem Catalogus. In–fol.

V. 1513. Tertius ejusdem Catalogus longe auctior. In–fol.

V. 1563. Index librorum qui in Aldina officina impressi
sunt. In–4.

V. 1503. Aldi Monitum in Lugdunenses typographos.
In–fol.

V. *Sans date.* Academiae Aldinae Lex : *graece.* Feuille
in–fol.

V. 1558. Somma delle Opere che ha da mandare in luce
l' Academia Venetiana. In–fol.

V. 1559. Summa librorum quos in lucem emittet Academia Veneta. In–4.

V. 1557-58-59-60. Vingt-neuf pièces in–4, chacune de
peu de feuillets, toutes relatives à l'Accademia Veneziana, et à son administration. Elles sont annoncées en détail dans ce volume, pag. 76 à 83.

V. 1558. Indice de' libri stampati per l'Academia Veneta. In-fol.

V. 1558. Index librorum Academiae Venetae.

V. 1558. Opere che hà l'Academia Venetiana inviate alla Fiera di Francfort.

R. 1564. Index librorum prohibitorum. In-4.

R. 1564. Autre édition, sous la même date. In-4.

V. 1564. Idem. In-8.

V. 1519. Plutarchi Parallela : *gr.* In-fol.

V. 1501-2-4. Philostratus de Vita Apollonii Tyanei : *gr. lat.* In-fol.

V. 1522. P. Alcyonii Medices Legatus de Exsilio. In-4.

V. 1502. Valerius Maximus. In-8.

V. 1514. Idem. In-8.

V. 1534. Idem. In-8.

Dans cette nomenclature très resserrée, on voit d'un coup d'œil quels livres furent, pendant cent quatre années entières, l'objet des travaux de ces habiles imprimeurs, ceux qu'ils affectionnèrent plus particulièrement. On y pourra remarquer, non sans quelque étonnement, la quantité vraiment extraordinaire de leurs éditions des divers ouvrages de Cicéron. On en verra jusqu'à dix-sept de Térence que maintenant on lit trop peu, parce que, de la manière dont on étudie le latin aujourd'hui, il y a peu de latinistes en état de le bien comprendre. On ne trouvera, jusqu'en 1557, que deux seules éditions de Salluste, qui alors n'étoit peut-être pas apprécié comme il mérite de l'être, et comme il l'a été depuis. Enfin, l'observateur philosophe et littérateur verra dans cette liste autre chose qu'un Catalogue de librairie ; elle sera pour lui un tableau assez fidèle du genre des livres qui, pendant le cours du seizième siècle, furent généralement préférés par les hommes les plus instruits.

Les éditions des Lyonnois, celles d'André d'Asola, de Bernard Turrisan et de R. Coulombel, ne présentant ni le même intérêt, ni un ensemble susceptible d'aucun résultat de ce genre, je me borne pour toutes ces dernières aux notices chronologiques qu'on en trouve dans le second volume des Annales.

TABLE DES AUTEURS

DES ÉDITIONS ALDINES

<hr>

(1) Par l'oubli d'un x, la date est portée en ce volume page 37, comme étant de 1568 (∞DLXIIX).

Dolera *Clemens.* 1565.
Donatus *Hieronymus.* 1501.
Epistolárum graecarum Collectio. 1499.
Euripides. 1503.
Amicus *Faustinus.* 1564.
Finus *Hadrianus* Finus. 1538.
Florilegium Epigr. graec. 1503. 21.
Galeomyomachia, *absque anno.*
Georgii *Bernardi* Perioche. 1559. — Epistola, absque
    anno.
Giraldi *Cinthio.* 1543.
Gregorius Nazianzenus. 1504.
Herodianus. 1524.
Hesiodus, cum Theocrito. 1495.
D. Hieronymus. 1566.
Horae B. M. Virginis. 1497. 1521.
Horatius. 1501. 09. 70. 93.
Hypneo da Schio (Daniele Barbaro), *sans date.*
Index librorum prohibitorum. 1564.
Lascaris *Constantini* Gram. graeca. 1494. 95. 1512. 40.
Lettere volgari. 1545. 48. 49. 54. 60.
Liber precum. 1561.
Libri de Re rustica. 1514.
Liburnio *Nic.* Volgari Elegantie. 1521. — Occorrenze. 46.
    — Epithalamium. 48.
Lipomanus *Aloysius.* 1581.
Luisinus in Horatium. 1554.
Machiavelli *Nicolò.* 1552.
Manutius *Paulus.* In Cic. Or. pro Archia Comm. 1572.—
    Epist. cum Capilupi Carm. 1573. — Adagia. 1575. 78.
    85. — Epistolae et Praefationes. 1580. — De Civitate
    Romana. 85. — De Comitiis. 85. — In Epist. ad fam.
    Comm. 92.
Manucii *Joannes Petrus, et Paullus,* Paulli Nepotes. 1596.
Majolus *Laurentius,* de Gradibus medicinarum. 1497.
Marini *Andrea.* 1566.

Serenus Sammonicus , cum Celso. 1528.
Sigonius *Carolus.* 1556.
Simplicii Comm. in Aristotelem. 1526.
Slatarichiv *Dominkv.* 1597-98.
Speron Speroni. 1546.
Statuta fratrum S. Francisci. 1551.
Straccha *Benvenutus*, absque anno.
Suetonius. 1521.
Tasso *Torquato.* 1580.
Terentius. 1517. 45. 53. 61. 65. 88. 94. — Tradotto.
    1545.
Theocritus , cum Hesiodo. 1495.
Theodoretus. 1563.
Tibullus, cum Catullo et Propertio. 1502.
Tirante il Bianco. 1538.
Titus Livius. 1518. 19. 20. 21. (68 *édit. suppos.*)
Turchi (Libri tre delle cose de'). 1539.
Valerius Maximus. 1502.
Virgilius. 1501. 05. 14. 53. 67. 80. 87.
Zeno *Caterino.* 1558.

Editions de B. Turrisan et de R. Coulombel.

Brissonus *Barnabas.* 1590. 91.
Ciceronis Opera. 1565. 66.
Dolallus *Leonardus.* 1564.
Fallopius *Gabriel.* 1562.
Fumée. 1569.
Lopez de Gomara. 1569.
Manutius *Paulus.* 1557.
Muretus *Antonius.* 1581.
Paschalius *Carolus.* 1601.
Politus *Catharinus.* 1566.
Vergara *Franciscus.* 1557.

Editions données par l'Accademia Veneziana.

Accademia Veneziana : Somma delle sue opere. 1558. — Summa librorum , etc. 1559. — Indice volgare. 1559. — Indice piccolo latino. 1559. — Indice de' libri mandati a Francfort. 1559. — Lettera a Cam. Vezzato. 1557. — Elettione dei Nodari, *sans date.* — Obligo in materia di Danari , *sans date.* — Instrumento. 1557.— Mandatum Ab. Morlupino. 1558. — Supplica. 1558.— Obligo de' Reggenti. 59. — Mandati. — Affittatione della Volta. 60. — Lettere di Cambio. 60. — Obligo Particolare. — Accordo con Bern. Tasso. 60. — Lettere all' Accad. 60. — Instrumento.

Alciatus *Andreas.* 1559.

Aristotelis Topicorum Explanatio. 1559.

Badoero *Federico ,* Fondatione dell' Acad. Ven. 1560.

Badoero *Giovanni ,* Procura a Morlupino. 1559. — A Giust. Badoero. 60.

Bevilaqua *Nicolo :* Conto. 1558.

Bolla d'oro. 1558.

Buccaferrea *Ludovicus.* 1558.

Carlo v. Rinuncie de gli Stati. 1558.

Consiglio di Dieci : Concessione all' Academia. 1560. — Parte presa. 60. — Altra parte presa. 60.

Consiglio maggior. Parte presa. 1560.

Contile *Luca ,* trad. della Bolla d'oro. 1558.

Corraro *Gregorio.* 1558.

Delphinus *Federicus.* 1559.

Discorso intorno alle cose della guerra. 1558.

Faventies *Valerius.* 1561.

Institutioni dell' Imperio. 1558.

Manutius *Paulus :* Epistolae et Praefationes. 1558. — Polizze e Conti. 1558-9.

Nicolini *Domenico e Cornelio de :* Conto. 1558.

Orationes clarorum hominum. 1559.

Placidus, Parmensis. 1559.
Polo Cardinale. 1558.
Sadoletus *Jacobus.* 1559.
Senato Venetiano : Privilegio all' Academia. 1558.
Sfondratus *Franciscus.* 1559.
Veniero : Discorsi sopra l' Etica.
Vgonius *Flavius Alexius.* 1559.

*Editions faites en contrefaction de celles d'Alde,
par les Lyonnois et autres.*

Aristoteles, latine, *absque anno.*
J. Caesar. 1508. 12.
Cicer. Epistolae familiares, *absque anno.* — Orationes.
   1508.
Dante, *sans date.* — Autre édition, *aussi sans date.*
Epistolae obscurorum virorum, *absque anno.*
Horatius. 1511. 18, *absque anno.*
Justinus, *absque anno.*
Juvenalis, cum Persio, *absque anno.* 1515. 21.
Martialis. 1512.
Persius, cum Juvenale, *absque anno.* 1521.
Petrarca, *sans date.*
Plautus. 1513.
Pomponius Mela, cum Vegetio et Vibio Seq. *absque anno.*
Pontanus, *J. Jovianus, absque anno.*
Quintilianus. 1518.
Suetonius. 1520.
Theophrastus, latine, *absque anno.*
Vegetius, cum Pomp. Mela et Vibio Seq. *absque anno.*
Vibius Sequester, cum Pomp. Mela et Vegetio, *absque
   anno.*
Virgilius, *absque anno.*

FIN DE LA TABLE DES AUTEURS.

TABLE

DE CE VOLUME.

FIN DE LA TABLE.

ADDITIONS.

Horatius. 1501, *in-8.* — **Bembo, Asolani,** 1505, *in-4.* — **Anthropologia.** 1533, *in-8.*

M. le comte Trivulzio, de Milan, possède ces trois ouvrages imprimés sur vélin, et un semblable exemplaire du rare opuscule annoncé dans la note de la page 52 : *De Paulo* iii. *Max. Rom. Pont. B. G. P. V.* (Bernardi Georgii Patricii Veneti), *Opuscula*, *in-8.* Cet exemplaire, orné de trois inscriptions écrites en lettres d'azur, et des armes de la maison Farnèse, six lis d'azur sur champ d'or, avec les initiales P. A. F., est indubitablement celui qui aura été présenté au prince *Petro Aloysio Farnesio*, et peut-être le seul qui aura été imprimé sur vélin.

Ce livret, à la louange de Paul iii et de la maison Farnèse, étant rempli de fiel contre la maison de Médicis, aura probablement été, ou distribué à petit nombre, ou même supprimé avec soin.

Dans la collection de M. le comte Méjan, à Milan, est un bel exemplaire du Pétrarque de 1501, sur vélin avec des miniatures.

Note pour la page 23. Carolus Magnus de impio Imaginum cultu.

Dans l'*Index librorum prohibitorum*, édition de Rome, Bladus, 1590, in-4, page 18, est ainsi mentionné cet opuscule : « *Carolo Magno falsò adscriptum opus de imaginibus, sub titulo illustrissimi, et excellentissimi, seu spectabilis viri Caroli Magni, nutu Dei Regis Francorum, Galliarum, Germaniae, etc. contra synodum, quae in partibus Graeciae pro adorandis imaginibus gesta est.* »

ÉDITIONS ALDINES

QUI MANQUENT A MA COLLECTION , ET QUE JE DÉSIRE ACQUÉRIR.

1497. in - 4. Laur. Majoli Epiphyllides in Dialecticis.
— in-16. Horae in laudem B. Virginis ; *latine.*
1498. in - 8. J. Reuchlin ad Alexandrum VI. Oratio.
— Catalogue des livres d'Alde ; feuille en placard.
— in-4. Bern. Justiniani ad Ludovicum XI. Oratio.
1502. in-8. Ciceronis Epistolae ad familiares.
— in-8. La Vita et Sito de' Zichi. *L'édit. en lettres italiques.*
— in-8. J. B. Egnatii Oratio in laudem B. Prunuli.
1503. in-fol. Catalogue des éditions aldines.
— in-fol. Avis d'Alde sur les impressions in-8 des Lyonnois.
1504. in-8. Cimbriaci poëtae Encomiastica.
1505. in-8. Virgilius.
1513. in-fol. Catalogue des éditions aldines.
1529. in-8. J. Cottae et Sannazarii Carmina. *Fr. de Sabio.*
1542. in-8. Il Libro ottavo de la Eneide tradotto. *Fr. de Sabio.*
1545. in-8. Ciceronis Epistolae ad familiares.
1546. in-8. Il Prencipe di N. Machiavelli.
— in-8. Lettere volgari, libro secondo.
1549. in-8. Cam. Thomaius de Morbis internarum partium.
— in-8. Acoluthia Lectoris ; *graece.*
— in-12. Carolus Magnus de Impio imaginum cultu.
1550. in-8. Domitii Marini Carmina.
1551. in-4. Ordinationi delli frati di S. Francesco.
1552. in-8. Gualterii in Turcas Carmen.
— in-4. Adeodati Senensis Oratio in die Cinerum.
1553. in-8. Matth. Gribaldi Mophae Interpretationes Juris.
— in-8. Virgilius.
1553, seu 1554. in-8. Lud. Pariseti Pausithea.
1554. in-4. Nic. Liburnii Epithalamium.
1556. in-8. Cicer. Epistolae ad familiares.
1557. in-8. Le Pistole di Cicerone ad Attico.
— in-8. Pianto della Marchesa di Pescara. *Bologna.*
— in-4. Castellani, Stanze in lode delle donne di Faenza. *ib.*

1558 — 60. in-8. Egregj fatti del re Meliadus.
1559. in-8. La seconda parte delle prodezze del re Meliadus.
1560. in-4. In Vetera Impp. Rom. numismata Aenae Vici Com.
— in-8. Lettere volgari , 2 vol.
1561. in-8. Liber precum. *Apud Filios G. F. Turresani.*
— in-8. Virgilius.
— in-fol. In libros Rhetor. Ciceronis Commentaria.
— in-4. J. B. Pignae Oratio in funere Francisci II.
— in-8. Aldo Manutio, Eleganze Latine e Toscane.
— in-8. Pianto della Marchesa di Pescara.
1562. in-8. P. Manutii Comment. in Cicer. Epist. ad Atticum.
— in-8. Cicer. Epistolae ad familiares.
— in-8. Cicer. Opera philosophica , 2 vol.
1563. in-8. Virgilius.
1564. in-8. Sallustius.
— in-fol. Breviarium Romanum.
1565. in-8. Dolera Institutiones theologicae.
— in-8. J. Caesaris Commentarii.
1566. in-4. Catechismus Concilii Tridentini.
— in-8. Canones Concilii Tridentini.
1568. in-fol. Breviarium Romanum. *Deux éditions différentes.*
— in-8. Aldi Manutii Institutiones grammaticae.
1569. in-8. Le Pistole di Cicerone ad Attico.
1570. in-fol. M. Ant. Natta de Deo.
— in-8. Bruti Epistolae a J. Scarpa latine redditae.
— in-8. J. Caesaris Commentarii.
— in-4. Fr. Morandi Sirenae Epistola ad Nic. Ormanetum.
    Opuscule de 4 pages.
— in-4. Ejusdem Epistola ad J. Foscarenum. *4 pages.*
1571. in-8. Catechismo del Concilio di Trento.
— in-fol. Diplome de Maximilien II , accordant des armoi-
    ries à Paul Manuce.
1572. in-8. Ciceronis Orat. in M. Antonium.
— in-4. Aldo, Discorso sull' eccellenza della Repub.
— in-24. Officium B. M. Virginis. *Ex bibl. aldina.*
— in-8. Catechismo del Concilio di Trento.
1573. in-12. Officium hebdomadae sanctae.
— in-8. Sallustius.
1574. in-4. Missale Romanum. *Ex bibl. aldina.*
1575. in-8. Catechismo del Concilio di Trento.
1576. in-8. Aldi Manutii Grammaticae Institutiones.
1577. in-8. Sallustius.
— in-fol. Ambr. Calepini Dictionarium.

1580. in-8. Ciofani Scholia in Halieuticon.
1581. in-12. Officium B. M. Virginis; fig.
    — in-fol. Ambr. Calepini Dictionarium.
1582. in-8. Lettere facete di Turchi ed Atanagi, 2 vol.
1585. in-8. Virgilius.
1587. in-12. Officium B. M. Virginis; *avec 45 figures.*
    — in-fol. Aldi Manutii de Fr. Medic. laudibus Oratio. *Pisis.*
1588. in-8. Lepidi Comici veteris Philodoxios fabula. (*Lucae.*)
    — in-12. Instruttione di Cicerone a Quinto il fratello.
1589. in-8. Concilium Tridentinum.
    — Orthographia Manutiana in tavole.
1592. in-8. Viaggio spirituale di C. Bellanda.
    — in-8. Cicer. Epistolae familiares.
1593. in-8. Horatius.
1595. in-8. P. Manutii Antiquitatum libri IV.
1596. in-4. Oratio de virtutibus D. N. Jesu Christi.
1597. in-4. Lor. Giustiniani, del Dispregio del Mondo.
1598. in-4. Elettra, Aminta, Piramo e Thisbe, in lingua schiava.
1619. in-12. Ragionamento spirituale di Ant. Antonii. *Venetia,*
        Nic. Manassi.

ÉDITIONS ALDINES SANS DATE.

In-4. Aldi Manutii Musarum Panagyris.
In-4. Ejusdem ad Leonellum Pium Paraenesis.
In-fol. Novae Academiae Lex, *graece.*
Specimen Biblior. editionis hebr., gr., lat. Feuille in-fol.
Horae Beatae M. Virginis. In-8 ou in-32.
In-4. Galeomyomachia; *graece.*
In-4. Bernardi Georgii Epistola de Vita tranquilla.
In-4. Ejusdem Epitaphia et Epigrammata, etc.
In-4. Clarantis Epitome in Paschatis Chronologia.
In-8. Dan. Barbaro Predica dei sogni.
In-8. Aldi Manutii Orthographiae Compendiolum.
In-4. Aldo Mannuccio Illustratione di un lapide di Gordiano.

LIVRES IMPRIMÉS IN ACADEMIA VENETA.

In-fol. Indice volgare de libri dell' Acad.
        Indice piccolo latino.
        Indice de' libri mandati alla fiera di Francfort.
1559. in-fol. Alciati in Infortiatum Commentarius.

1559. Les diverses pièces volantes in-4 imprimées pour l'Académie, dont vingt-neuf sont mentionnées dans la liste
raisonnée de ses éditions, et qui peut-être sont plus
nombreuses.
1560. Loix du Gouvernement vénitien imprimées par l'Académie.

SCÈNE VII.

Mad. WARNING, CŒLINE, LE CAPITAINE.

LE CAPITAINE.

MESDAMES, je vous rencontre, et s'il est vrai que le hasard soit le souverain du monde, je puis me vanter d'être le favori du souverain.

Mad. WARNING.

Ne doutez pas, M. le Capitaine, de la confiance que vous m'avez inspirée.

LE CAPITAINE.

Et vous, mon aimable enfant ! croyez-vous que je mérite aussi un sentiment d'estime, d'amitié...

CŒLINE.

Si vous en doutiez, Monsieur, ce seroit nous croire insensibles à l'intérêt que vous avez déjà paru prendre à nous.

LE CAPITAINE.

Ainsi, souffrez que je me regarde déjà comme votre frère.... Et si Monsieur votre fils, Madame, venoit tout à coup à paroître ?

Mad. WARNING.

Hélas ! je ne le reverrai jamais !

LE CAPITAINE.

On ne peut pas savoir. En tout cas, ma sœur, si cela arrive, je me mets sous votre protection. Faites bien attention à cela ; sous votre protection ! c'est alors à vous que je demanderai une mère.... une mère ! entendez-vous ?

CŒLINE.

M. le Capitaine !